未来博弈

大变局下的财富保值增值与传承

〔美〕冯雅格（Bruce Douglas VonCannon） 著

章君 贾艳南 陶瑞麟 译

郑玺 秦展篷 校审

北京大学出版社
PEKING UNIVERSITY PRESS

著作权合同登记号 图字：01-2018-3765

图书在版编目(CIP)数据

未来博弈：大变局下的财富保值增值与传承/（美）冯雅格著；章君，贾艳南，陶瑞麟译. —北京：北京大学出版社，2021.2
ISBN 978-7-301-31189-9

Ⅰ.①未… Ⅱ.①冯… ②章… ③贾… ④陶… Ⅲ.①私人投资 Ⅳ.①F830.59

中国版本图书馆CIP数据核字（2020）第029862号

书　　名	未来博弈——大变局下的财富保值增值与传承 WEILAI BOYI——DABIANJU XIA DE CAIFU BAOZHI ZENGZHI YU CHUANCHENG
著作责任者	〔美〕冯雅格（Bruce Douglas VonCannon） 著 章　君　贾艳南　陶瑞麟　译
策划编辑	姚成龙
责任编辑	李　玥
标准书号	ISBN 978-7-301-31189-9
出版发行	北京大学出版社
地　　址	北京市海淀区成府路205号　100871
网　　址	http://www.pup.cn 新浪微博：@北京大学出版社
电子信箱	zyjy@pup.cn
电　　话	邮购部010-62752015　发行部010-62750672 编辑部010-62704142
印　刷　者	北京中科印刷有限公司
经　销　者	新华书店
	787毫米×1092毫米　32开本　10.75印张　171千字 2021年2月第1版　2021年2月第1次印刷
定　　价	68.00元

未经许可，不得以任何方式复制或抄袭本书之部分或全部内容。
版权所有，侵权必究
举报电话：010-62752024　电子信箱：fd@pup.pku.edu.cn
图书如有印装质量问题，请与出版部联系，电话：010-62756370

作者不对本书读者的投资结果承担责任。我们提醒各位读者,投资产品的过去表现并不保证未来的业绩回报。寻找值得信赖和忠诚的理财顾问应该是每一个投资者的重要责任。

译者简介

章君

理财联盟科技（青岛）有限公司创始人、董事长，国际财富传承与规划标准委员会（WPSB）董事。在国内外金融机构工作20多年，先后在招商银行支行、中国工商银行总行和德意志银行德国总部工作。回国后，在安联人寿保险和工银安盛保险公司担任高管多年。在国内外金融业务实操的基础上，目前致力于零售银行、财富管理和金融科技的研究咨询、创新实践。

贾艳南

对外经济贸易大学国际MBA，瑞士国际航空空乘指导员。与多位金融专家交流金融经验，投资涉及基金、股票、数字资产、房产、欧美投资项目等，并与国内外投资者分享投资和理财心得。

陶瑞麟

在北京成长的美国人，毕业于美国密歇根大学应用数学系，曾在纽约怡安保险公司担任精算分析师。现任北京嘉铭实业集团副总裁，负责国际投资项目开发及管理，具有全球金融行业经验。

本书编委会

主　任　章　君
副主任　梁　涛　冯全普
翻　译　章　君　贾艳南　陶瑞麟
校　审　郑　玺　秦展篷

成员（排名不分先后）：
郭海军　唐文峰　李情操　吴凌云
沈秋敏　王　倩　刘　棒　戴　洁

价值贡献者（排名不分先后）：
张伟豪　梁威克　魏　昕　付　琳
杜海艳　孔志军　黄亮亮　孙晓明
张春雷　车显明　牛　毅　郭　牛
冯　源　黄　璟　章贵钦　孙佳懿

特别鸣谢机构（排名不分先后）：

《新财富》

《理财周刊》

《零售银行》

国际财富传承与规划标准委员会

北京创享智库咨询有限公司

理财联盟科技（青岛）有限公司

奕丰基金销售有限公司

香港家族办公室协会

亚联管理咨询股份有限公司

领航财富教育科技有限公司

百融云创科技股份有限公司

上海首奕投资管理有限公司

上海杏人合文化科技有限公司

财富引擎（北京）科技有限公司

北京神农投资管理股份有限公司

东方金匠（北京春光至圆投资管理公司）

汇盛家族（深圳汇盛家族金融服务有限公司）

来自全球金融高管和专家的推荐

这本书非常适合刚踏入投资领域的新人,也是有经验的投资人士很好的案头参考书。

——罗斯柴尔德私人银行副主席,
RJ管理集团创始人 Sylvain Roditi

这是一位资深金融顾问创作的一本关于"如何投资"的指导手册,本书特别适合即将成为百万富翁(或者有志成为百万富翁)的读者。

——前瑞银集团亚洲区首席运营官
Edmund C. Tiryakian

在中国，财富正以史诗般惊人的速度在迅速积累，并成就新一代的百万富翁。本书将对所有想加入这个"俱乐部"的人提供帮助。

——前香港证券投资交易所主席，
中国Alpha基金会高级合伙人　Craig Lindsay

以金融分析师入行的我，常常就个股的情况进行详细的分析和解剖。普通的投资者不管是在工具、经验或专业度上，都很可能无法与专业的分析师相提并论。以下几点能为这些投资者提供一些帮助：投资不投机，坚持价值投资，长线投资，分散投资。我是一名长期看涨的投资者，坚信价值投资。我相信本书能帮助读者们更好地了解金融市场和各种投资策略。

——奕丰集团iFAST有限公司董事长兼CEO　林长征

本书简明扼要地介绍了各类金融工具，以及如何用组合的方式避险趋利，这揭示了投资的本质，是一本值得入门者阅读的好书，其心得也值得专业人士借鉴。

——国际金融理财标准委员会（中国）前董事长　黎强

拜读冯雅格先生的毕生智慧结晶《未来博弈》后，深觉本书：论古溯源，内容详实，条理清晰，含义隽永，文采斐然，引人入胜。其探讨投资奥妙精髓，深入浅出，让人如沐春风，豁然开朗。尤以分享200多年名门望族家财与文化传承要诀，直如醍醐灌顶，有感财富传代稀疏薄，文化传承凝厚重。有言薪火万代家业隆，道传子孙沐春风。诚不欺人也。

纵然作为国际财富传承与规划标准委员会主席，也从事于顶级私人银行、国际信托公司和家族办公室前后35年，吾读本书后，深感冯先生博学多才，风流俊雅，迥然不同，真乃高手藏于同业中。同为私人银行高管服务富豪家族传世留名，同在国际财富传承标委会心怀天下，同样宁心企求传智化万方。正是中华好风景，传承时代又逢君。有此良友，与有荣焉。

——国际财富传承与规划标准委员会　潘建锜

没有人比冯雅格先生更具有能力与洞见，得以将全球知名但又神秘的罗斯柴尔德家族如何在历经数百年后，家族的财富与名声不但屹立不坠甚至蒸蒸日上的故事与缘由，以简单的文笔但又严谨的态度，娓娓道来。对于在家族财富传承观念与操作仍感陌生的华人社会来说，《未来博弈》一书正好提供了一个了解家族企业与财富永续传承的入门之道。

——国际财富传承与规划标准委员会　甘逸骅

冯雅格先生把自己在国际金融机构近30年的经验，浓缩进一本300多页的书中，仿佛是艺术大师画的一幅简约不简单的素描。本书涉猎范围虽广，但通俗易懂，深入浅出，既对过去的经验和教训做了概要性的总结，也对未来的投资做了展望，为中国财富管理的发展带来借鉴和思考。

——中国民生银行个人金融部兼私人银行部总经理　鞠伟宇

在时间长河中，创造和拥有财富，每个人的理解不同。冯雅格先生的《未来博弈》，不仅介绍了财富管理工具，还从多年为罗斯柴尔德家族财富管理实践中，让读者领悟到：拥有和驾驭财富是一系列人性修为的博弈。感谢章君先生倾力介绍，为蓬勃发展的财富管理行业提供有益的参考和借鉴。

——中国民主促进会中央经济委员会委员　刘晓岚

作为财富管理和私人银行的从业者，我一直试图寻找一个真实存在的楷模，可以指导自己从私人银行的虚空回到现实。直到2018年年初在北京古北水镇遇到冯雅格先生，我觉得我找到了，我们迫不及待地想知道罗斯柴尔德家族办公室是如何工作和存在的，因为这个老牌的欧洲私人银行不仅神秘，简直是传奇。冯雅格先生博学睿智、亲和从容，无论台上还是台下，都散发着私人银行家的专业气质和成熟魅力，让人油然产生亲近和尊重。《未来博弈》是一本专门为中国投资者和金融从业者普及知识的手册，它深入浅出、言简意赅、娓娓道来、细润无声，书中流露出的善良、和谐、正直、勤奋以及道家的"清静无为"，让我恍若忘记他是一位典型的西方人。真理无国界、知识无边界、财富无境界，"我思，故我在"，这本书值得一读。

——中国银行业协会私人银行业务专业委员会
办公室副主任 姜龙军

冯雅格先生是我非常尊敬的长者和朋友，他在为高净值客户提供财富管理服务方面颇有经验。本书是他结合自己多年来在罗斯柴尔德家族办公室（香港）的管理实践经验，为投资者提供的投资菜单和套餐的框架性建议与指引。作者回避了繁复的函数、公式，将金融理论化繁为简，让投资理财之道深入浅出地展现在读者面前。

——华融基金管理有限公司董事长 冷慧卿

读书，就是与大师的对话、与智者的交流。本书是全球顶级家族财富管理人的匠心之作，既深入浅出，又饱含真知灼见。无论是财富管理从业者还是企业家二代，都可从中获得启示与灵感。

——北京银行财富管理部副总经理 王健宁

《论语》中有："富与贵，是人之所欲也。"《传道书》中也写道：Money is the answer for everything.（钱能叫万事应心。）可见东西方文化对财富的认知是殊途同归的。冯雅格先生的大作，立意高远又深入浅出，编译团队又赋予了中国元素，可谓中西合璧。令人印象深刻的是：每章开篇从金融历史入手，以史为鉴，面向未来，形成自己的观点和方法论。相信无论是初入财富管理行业的新手，还是已经浸润此行多年的老兵，读完本书后都会收获不菲的价值。

——加拿大证券学院院士（FCSI） 孔志军

在人均GDP突破1万美元之后，中国正在加速进入家庭金融资产配置的拐点。详阅本书，将使我们站在先进且成熟的顶级家族财富管理人的肩膀上，尽早领悟到"老钱"的修为和真谛，同时也能更智慧地面对理性与感性的博弈、长期与短期的博弈、贪婪与恐惧的博弈。

——东方金匠创始人 张立园

给时光以价值。冯先生为我们展示了一个家族200多年传承的智慧。它如同一幅画卷,有全景,有细节;有疏密,有留白。本书值得我们财富管理从业人员仔细研读。家族办公室是一条长期主义道路,希望我们能够砥砺前行,浇筑行业的勋章!

——金融作家、祥霞家族办公室创始人　曾祥霞

目 录

推荐序　创业者把握当下，投资者谋划未来 / 001
译者序　成功来自决心和坚持不懈的努力 / 001
作者自序 / 001

引言　我与罗斯柴尔德家族 / 001

> 那些困难的岁月就像逆水行舟一样，如果你能熬过困难时期，好运和财富的出现只是时间的问题。一个人必须保持警惕和乐观，这样才能保证你在第一时间识别出这样的机会。

第一编　走近财富之门——熟悉基本金融投资工具 / 025

第一章　认识货币市场 / 027

> 太多投资者把货币市场产品想当然地视为无风险的投资产品，但是历史告诉我们，这种理解并不总是对的。

第二章　熟悉固定收益市场 / 045

> 对于今天的私人投资者来说,只要你严格局限在"投资级"范围来投资债券,资产安全的概率仍然比你在北美任何主要城市夜间行走的安全概率要高一些。

第三章　理解股票市场 / 073

> 要尽量避免成为一个追涨杀跌的"择时交易投资者"。你通常很难完美地预测到市场最低点,同样的,你也很难预测到市场最高点。

第四章　了解共同基金 / 087

> 指数基金近年来越来越受欢迎。指数基金不需要投资者自主挑选股票,而是通过投资指数(如标准普尔500指数或罗素2000指数)内的所有股票来复制整体市场的表现。

第五章　掌握金融衍生产品和结构化产品 / 113

> 投资结构化产品要严格自律,并采用多样化投资策略,引入多种产品来分散风险。成功的投资和评估一个棒球手的命中概率一样,没有任何职业棒球手能百分之百地击中球。

第二编　金融投资组合 / 137

第六章　明智投资的关键 / 139

> 随着时间的推移，通货膨胀会侵蚀任何现金货币的价值。这也就是为什么商品和服务的价格（如日常消费账单、医疗费账单）年年都在上涨的主要原因。

第七章　明智投资的三个重要概念 / 157

> 资产风险越高，其偏离平均值的标准差就有可能越高，明智的投资者总是会将投资回报率和其价值的波动程度对照起来，同时考量。

第八章　投资组合的构建 / 175

> 货币、债券和股票的价格每天、每小时都在变化。因此，正如人们为花园里的花卉和其他植物补充水分一样，投资者应该养成每隔几周就监控投资组合的习惯。

第九章　金融标杆——基准 / 209

> 选定一个基准来评估每年的投资组合收益水平，是非常有帮助的。这样做能在市场有波动的时候，通过基准来评估投资组合的表现，让投资者不用惊慌失措。

第三编　如何进行未来投资 / 223

第十章　家族财富传承 / 225

> 遗产规划是一个不断发展的行业。其中一部分原因在于，许多国家的政府试图从家族遗产中获得更多的税收。

第十一章　兴趣投资 / 245

> 如果人们不涉足包括艺术品投资和葡萄酒投资在内的兴趣投资，就不算对投资研究和资产管理有全面了解。

第十二章　未来投资方向——"半杯满"的心态 / 265

> 通过互联网的使用，我们可以了解到金融市场的操作流程，从而自由"进出"金融市场；通过学习金融的相关知识，我们可以种植自己的"金钱树"，在人生的长河里积累属于自己的财富。

结语　罗斯柴尔德家族的传承核心 / 289

> 忠于家庭和朋友是罗斯柴尔德家族的持久品质。

后记 / 305

推荐序
创业者把握当下,投资者谋划未来

作为创享智库的总顾问,冯雅格先生为创享智库的成长和发展提出了很多宝贵的意见,我一直心存感激。他邀请我为他在中国出版的新书写一篇序,确实让我受宠若惊。这很有可能是他希望我在人生的道路上认真学习关于财富管理的知识和技巧,好好从这本书中去吸取他几十年的经验和心得,所以他用这样的方式来委婉地督促我,不得不说这个方式特别有效。

我认真且极用心地将此书稿读了很多遍,在其还未完全定稿时就开始了,每次都有不同的感受。

同时在书名的确定阶段，冯雅格先生及策划团队最终选定了我提出的主书名——《未来博弈》，非常感谢所有参与者在这一点上达成的共识。

为何我会提出这样的名字呢？这源于我的以下两点感受。

一、从整个大自然来看，所有的生命终其一生都在解决两个问题：生存与繁衍。在环境恶劣时，储存能量生存下去；在环境优越安全时，繁衍生息。人类也是自然界的一员，也在面对同样的抉择。当我们通过经济周期中的每一次机会，创造了大量财富后，一个现实的问题摆在了我们面前：如何让我们的财富不缩水，甚至不断增值？财富是跟随价值流动的，所以要做到不缩水甚至不断增值，我们就要了解未来，了解事物在未来的存在与发展状态。未来是什么？它不只是一个时间概念，更像一个移动的飞碟，虽然不断变化位置，但是有它不变的方向。创业者的战场在当下，投资者的战场在未来。

二、中国经历了40多年的改革开放，巨大的市场需求在短时间内被释放出来，造就了一个不可复制的世界奇迹。这个伟大的奇迹造就了一批成功的富有人群和大量的中产阶层，我们称之为"创一代"。但这样的爆发和机会终将过去，随之而来的将是对复合增长的技术型问题的考验。"创一代"多起于民间，以草根居多，即将面对"富不过三代"的魔咒。

我们总在机会中寻找一夜暴富的可能，随着商业缝隙逐步缩小，市场越来越规范，这样的机会也会逐渐消失。拼搏一生，无论我们多么擅于管理、经营一门生意，最终都要面对这个现实的问题。我国那句俗话"富不过三代"终有一天我们会明白。50岁以前拼事业，50岁以后拼孩子，孩子比我们更加富足，能幸福地度过一生，比其他的都重要。而这需要良好的教育、优秀的品格以及对待财富、驾驭财富的能力。让家庭中的每一个人，当未来有更多、更大的机会来临时，始终拥有在博弈中获胜的机会。

我相信在财富这个概念形成的那一天起，就有人在思考这个问题。在220年前就有人给我们做出了一个非常标准的示范动作，那就是——罗斯柴尔德家族。时至今日，它仍保持着强大的生命力，就充分证明了这一点。

冯雅格先生曾长期在这样一个神秘的家族中担任私人银行CEO（首席执行官），他用自己的亲身经历及一生不断的实践向我们揭示了家族财富管理、传承的方法及其意义，让我们可以更加客观、理性、全面地看待未来。

除了此书中严谨、系统的知识，让我受益匪浅以外，在此书的策划阶段，冯雅格先生的工作态度及人格魅力也深深地影响了我们每一位参与者。我想很多年以后一定会有一群人因为此书，而让家族的财富打破"富不过三代"的魔咒，一代代传承下去！我们每一个人都应该感谢这个领域的指路人——冯雅格先生。

北京创享智库咨询有限公司创始人、总裁
明珠学院执行院长

梁 涛

2020年8月于来湖小院

译者序
成功来自决心和坚持不懈的努力

冯雅格先生在瑞士、新加坡、中国台湾和香港的多家国际金融机构工作多年,并在财富传承六代、资产富可敌国的罗斯柴尔德家族的企业做高管,一直从事私人银行业务,与全世界的高净值客户交往。冯先生对我的影响,不只是他对于金融专业的理解和拥有财富管理的智慧,还有他对历史、艺术和文化研究的深厚底蕴和从容谦逊的为人。记得2019年年初,我们邀请了一些企业家和资深金融从业者去瑞士和列支敦士登公国考察,冯先生做了半天主题演讲后,还亲自做全程导游,介绍欧洲的人文历史，陪同大家走访当地多家老牌的金融机构，并耐心地回答团友提出的所有问题。人的影响力，来源于专业素质和个人魅力。与冯先生的交往，让我受益很多。多年下来，这也奠定了我们彼此的友谊和信任。

这本书，是冯雅格先生从罗斯柴尔德银行（香港）的CEO职位退休后，用了近两年的时间完成的，原著于2017年在英国出版，书名为 *A Guidebook for Today's Asian Investor*（《给亚洲投资者的指南》）。基于近30年的私人银行工作经验，冯雅格先生用深入浅出的语言，以简单清新的风格，把自己财富管理职场生涯中最重要的专业知识，精致地总结在一个100页的小册子里。他希望，企业家、财富管理专业人员和其他感兴趣的读者可以在轻松的环境下，用两个小时的时间，对财富管理和金融投资的主脉络和关键点做一次系统性的梳理，由此产生新的启发和再思考。

当北京大学出版社同意出版本书的中文版后，冯雅格先生虚心听取北京大学出版社的姚成龙主任和我们的建议，又用了一年左右的时间，以他一贯的认真、严谨和专业，对英文版进行了大量的补充和改写，如增写了引言和结语、共同基金等章节，同时，根据中国人的阅读习惯，调整了全书的篇章顺序。

第一编从基础的金融产品开始。在过去的十几年，国内财富管理市场的产品数量快速增加，各类型的投资产品让专业人士都眼花缭乱，这其中，难免劣币驱逐良币，让投资者受到损失，甚至受骗上当。拨开云雾，回归基础产品，冯先生提出，基本的金融工具主要是现金类、债券类、股票基金、衍生结构化产品等类别。了解基本产品的特征、准确掌握其风险属性和收益相关性，可以避免"外行看热闹"，而去深入了解投资资产的"门道"。当然，基础知识总是相对乏味枯燥的，好在冯雅格先生言简意赅，犹如绘画大师的基础素描，希望可以帮助读者了解投资的起点。

第二编是构建产品组合及资产配置的方法。了解大类资产特质后，就要学习资产如何组合了。一个投资组合成功与否，90%取决于资产如何配置。从长线看，资产配置可以战胜所有单一产品的业绩表现。在这一编里,冯雅格先生以自己服务客户的实践经验,精辟地总结了投资组合的方法及关键点,并分别用了保守型、平衡型及激进型三个实际案例,来展示私人银行是如何为高净值客户构建投资组合方案的。

如果说仅投资一种金融工具已经过时,那么,构建投资组合现在正当其时。如何面向未来投资呢?在第三编里,冯雅格先生结合多年为国际家族服务的经验和切身体会,展示了一些国际上已经成熟,但国内正处于萌芽阶段的投资方向和理念。

金融资本只是财富管理的一部分,更为重要的是文化资本和人力资本。单纯的金融资本像是火种,可以作为能量照亮自己和别人,但如果对后代的教育缺少章法,反而导致前面功亏一篑,甚至玩火自焚。这样的案例在中国并不少见。在本书的结语部分,冯先生基于对罗斯柴尔德家族的深入了解,对其家族传承的核心——家族精神及文化做了介绍,并对罗斯柴尔德家族的财富延续六代的原因做了分析,相信能帮助读者提升对过去的认知,赢取未来的博弈。

译者序　成功来自决心和坚持不懈的努力

通读全书，读者还会注意到，"风险"两个字贯穿本书各个章节、各类产品及组合中。金融投资的盈与亏，都是与风险苦斗的结果。"稳赚不赔"和"保本保息"，长线看都是相对的。想清楚这一点，投资者会发现，很多事情真的不值得冒风险。看淡得失宠辱，才能笑傲江湖。毕竟，金融投资的"面子"是看谁赚得多，但"里子"则是看谁活得更长久。太多的中国投资者总想快速建起获得绝对回报的丰碑，却没有搭建好防范必要风险的基础底座。强调风险管理，这是金融界高人都有的"潜意识"，冯雅格先生也不例外。

从严格意义上讲，本书已经不是英文版原著的再现，而是针对中国人投资和财富管理的一次全面、结构化的梳理。为了编译好此书，我们聚集来自奕丰金融、创享智库、理财联盟等机构的多位金融专家和不同行业的大咖，召开了多次研讨会，组成了编委会，在编译过程中还得到了包括多家银行、基金公司等金融机构的许多高管的支持。同时，北京大学出版社的姚成龙主任、责任编辑李玥老师为此付出了超常规的努力。本书的出版，是大家共同努力的结果。

本书的编译过程历时两年多,思考和纠结常伴左右。冯雅格先生说,成功需要高人指点,更需要决心和坚持不懈的努力。我们真希望做到这点,为财富管理行业和各位读者带来一些价值。

理财联盟科技(青岛)有限公司创始人、董事长
国际财富传承与规划标准委员会董事

章 君

2020年8月

作者自序

本书献给数以万计的年轻人,他们勤劳奋斗,每天努力地为他们关爱的人创造幸福。本书出版之际,全球大约有1500多万个百万富翁(以美元计)。世界上每个国家和地区都不断有新的百万富翁出现。以6%的年增长率计算,在未来五年,世界上很可能会增加450万个新的百万富翁。虽然,我们所处的社会与时代环境离完美还有很大的距离,但是我相信,渴望财富的人,能够给社会带来更多真正的价值与幸福感。然而什么才是真正的幸福感呢?其实,就是允许我们可以选择更多的生活方式。在政治影响、教育标准、健康标准、科学突破和技术创新等方面，我们都希望得到最好的。可惜当人们贫穷时，他们的选择是有限的。如果一个人能创造财富，他和身边的人就能同时提升自己的幸福感。

本书也希望奉献给全球各地的私人银行家和财富管理专业人士。他们每天竭尽全力地为客户提供良好、明智的理财建议。不过遗憾的是，近年来整个金融行业收到了许多不良评价。2008年的金融危机明显地影响了社会人群对金融机构的看法。坦白地说，当时许多对私人银行家的负面评论，令我十分沮丧。以我本人近30年的私人银行工作经验，我认识的多数私人银行家都是非常诚实、勤奋的人。最重要的是，他们永远把客户利益放在第一位。我的好友Pascal Bourqui，也是和我共事20年的搭档，曾用"珍珠项链"一词来形容财富管理人士。现在的社会崇尚超级明星的炒作与崇拜，但是Pascal提倡的是由个体组成的团队。钻石无疑是非常炫丽的珠宝，然而，Pascal作为团队长，总是鼓励我们把自己

作者自序

看作一颗珍珠。因为珍珠只有搭配在一起才能形成美丽的项链,展现出团队融合的品质。我坚信只有通过团队合作、忠诚与信任,才能创造卓越的员工和优质的客户服务。

最后,我写这本书的初衷,是希望给没有金融背景,但有兴趣接触金融专业知识的人提供一本有效的理财指南。这本书对金融专业知识的介绍深入浅出,即使你未曾上过大学,也可以理解书中介绍的内容。这本书适合所有年龄段的人来阅读。无论你是继承家族财富,或是通过自己的努力创造出财富,我希望里边的内容能对你有所启发并且增强你的理财能力。虽然这本书包含一些学术性的概念,但基本都浅显易懂。我只提一个小警告:如果你仅是为了获得一个"快速致富"的秘诀才拿起这本书,那么我请你把它丢到垃圾桶里或直接退给书店。在我一生累积财富的过程中,除了少数传承家族财富的人,很少有"快速致富"的办法。绝大多数能成为富豪的人,都是通过努力工作和严于律己来实现财富累积的。所以,如果你想学会一些实操性的投资技巧，我建议你把这本书放在床头柜上或早餐的咖啡杯旁边。我和我的"珍珠"伙伴们邀请你继续往下阅读！

冯雅格（Bruce Douglas VonCannon）

引言

我与罗斯柴尔德家族

01 童年往事

我出生于第二次世界大战后期,在美国南部的北卡罗来纳州长大,属于今天在美国被称为"婴儿潮"的那一代人。我的幼年是美国的一个特殊历史时期,那时候许多男人都从第二次世界大战的战场回国了。他们中的许多人的简单梦想是重新适应平民生活,寻求幸福婚姻的安全感,并建立家庭。我最早的童年记忆是慈爱的父母和与我形影不离的外婆。我妈妈告诉我,小时候我哭得并不多,我学会走路比大多数孩子都早——在九个月大的时候,我已经像证券交易所的股票经纪人一样充满自信,在家里的客厅里大步迈进了。

童年时期,与我最亲近的家庭成员也许就是我的外婆格特鲁德和保姆维奥莉娜。每天,爸爸妈妈都在忙于工作，我的外婆和保姆无私地照顾着我和我的姐妹们。我的爸爸和妈妈是为人诚信和慈爱的父母，但他们的情感类型更像是"严厉的爱"。我的意思是，他们爱我们，但同时又要求我们遵守许多纪律，以确保他们不会宠坏我和我的姐姐苏珊以及我的妹妹贝弗利。在家庭"严厉的爱"政策下，我们从小就被寄予厚望：在学校要努力学习，要有礼貌，要尊敬长辈。他们把我们的作息安排得井井有条——准时做作业，晚上不看电视，早早睡觉，保持良好的个人卫生，衣着整洁，饮食规律。也许由于我出生于马年，我有时会像"野马"一样不服管教。后来我才明白他们是在为我和我的姐妹们的前途着想——我花了大约25年才意识到这一点！

从小我就意识到，我的成长环境将会与我的父母截然不同。我的父母出生不久，20世纪30年代的美国大萧条①就发生了，据他们说，当时的生活十

---

① 大萧条：是指1929—1933年之间发源于美国，后来波及整个资本主义国家的经济危机。它具有时间长、范围广、破坏力强的特点。

引言 我与罗斯柴尔德家族

分艰难,今天的大多数美国人是难以想象的。20世纪30年代早期,美国每4个男人中就有一个失业。我的父亲6岁时,他的母亲就去世了,他由亲戚抚养长大,经历了一个痛苦的童年。后来,他应征入伍,1945年春天被派遣到欧洲,经历了第二次世界大战的最后一个月;我母亲的两个哥哥也曾在美国海军太平洋战区与日本人作战。在童年时代,我们为父亲和舅舅们感到骄傲。我们认为他们是抗击纳粹德国和日本侵略者的伟大而崇高的事业的一部分。我们社区的一位杰出公民曾加入在中国西南部的飞虎队①,使我了解到中国由于日本的侵略而遭受了很多苦难。

20世纪50年代,在美国的大部分地区,某些种族的孩子不允许与其他种族的孩子上相同的学校、进入同一家餐馆,甚至不允许使用同一个公共厕所。我也是从1965年秋天开始才第一次上非种族隔离学校,并第一次有机会认识非洲裔的同学。在我的童年和成年早期,我认识了很多黑人和非白人后

---

① "飞虎队"即中国空军美国志愿援华航空队(American Volunteer Group,AVG),于1941年来中国参与抗日。

裔的朋友。在20世纪50年代，性别歧视也比较严重，每10个妇女中只有3个在工作，妇女显然没有得到与男子相同的晋升机会。

20世纪70年代越南战争结束，越南战争暴露了美国社会的许多不平等和矛盾，随着时间的推移，催生出了许多积极的变化，给美国所有的种族都带来了更多的平等和教育机会，也促进了性别平等。我和这场可怕的战争擦肩而过，因为就在我即将达到服役年龄前，美国军队开始从越南战争撤军。

我的童年时代的生活可用"舒适"一词来形容。在那个时代，每个想工作的成年人几乎都能找到一份工作。我的家乡大大小小的工厂都很繁忙——大部分工人都需要每天3班轮岗，每班工作8个小时，以满足家具和纺织行业的生产需求。在暑假期间，每一个学生都能找到打工或实习的机会。我不记得有任何学生在学校时没钱吃饭。之所以强调这一记忆，是因为即使如今的美国充斥着各种各样的财富，然而在全国范围内的很多社区，大量儿童的基本生活需求仍然无法得到保障。

今天的美国仍然是一个经济超级大国。虽然制造业总量已经下降到我们整体工业活动的不到五分之一，但美国在创新、高科技和服务业方面仍居世界领先地位。今天美国的国内生产总值（Gross Domestic Product，GDP）约占全球国内生产总值（GDP）总量的20%。但令人遗憾的是，在此过程中，美国贫富悬殊问题日益严重，社会的支撑体系同时弱化，也给年轻人的发展带来了更大压力。这些问题应受到政府更多的关注。

02 求学之路

回顾我的童年时代，它对我产生了重大的影响。我必须感谢我的父母为我创造了一个稳定的有助于学习和成长的环境。我在六七岁的时候学会了熟练阅读。历史和数学是我在学校最喜欢的学科，我尤其喜欢阅读历史典故。我十几岁以后又喜欢上了外语。虽然我父母的祖籍都是德国，但我上高中时喜欢的却是法语。法语之所以吸引我，是因为自

19世纪以来，法语因为其严谨性，被广泛地应用于国际性社交和外交活动中。

我十几岁时，给我带来最大冲击的事件是我父亲的去世。直到今天，这件看似不公平的突发事件仍然困扰着我。我小的时候，我的父亲花了很多时间陪伴着我。他是一名优秀的运动员，经常教导我如何竞争和维持良好的身体状况。得益于他的早期指导，我最终成为家乡北卡罗来纳州某赛事的青少年网球比赛冠军，并参加了全国以及国际性比赛。网球运动教导了我训练、准备的重要性，还给了我坚韧不拔的心理抗压能力，以及教会我如何超越自己的身体与精神极限。

父亲去世后，我下定决心要做更好的自己，尽快成熟起来。我父亲去世时，我的母亲才40岁，当我哀悼着父亲的同时，也非常同情我的母亲。她承担着独自养育3个孩子的重担。我觉得自己应该担任起家里"父亲"的角色，并且发誓要照顾好我的姐妹。童年时候的我获得了那么多家人的关爱，而16岁的我觉得是回报家庭的时候了，自己需要变得更成熟，更有责任心。我母亲坚决认为我们的学业不应受父亲去世的影响,她鼓励我和我的姐妹们在学校尽最大的努力继续学习。

因此,在母亲的鼓励下,我重新致力于成为一名好学生。随着我法语水平的提高,我对国际事务和经济学的兴趣也在不断增长。我在高中时获得了"历史最佳学生奖"。高中毕业的那一年,我被普林斯顿大学录取了。

在普林斯顿上大学是我人生中的又一个分水岭。我非常赞赏普林斯顿大学优秀的学术传统,它培养了许多工业界、学术界和政界的领导人。学校的校训给我留下了深刻的印象,因为"普林斯顿为国家服务"(Princeton in the Nation's Service)是曾任美国第28任总统的普林斯顿大学校长伍德罗·威尔逊在学校150周年校庆时的演讲题目,后来成为普林斯顿斯大学的非官方校训。它要求每个学生接受这样的思想:当一个人有机会学习和实现梦想时,将来某一天也有回报社会的责任。今天,我可以自豪地说,这个校训宣扬多年之后,于1996年250年校庆时改为"普林斯顿不仅为国家服务,而且为世界服务"(Princeton: In the Nation's

Service and in the Service of All Nations）。这个改变意味着普林斯顿大学认识到在21世纪全球化、多样性和包容性的重要。

在普林斯顿大学就读时，我选择了政治学专业，课程包括政治理论、政治史、经济学、金融学以及国际关系等。同时，我还学习了法语和德语。普林斯顿大学的学术环境可谓既严谨又丰富。我在学校时，比较有名的同学包括：埃里克·施密特（前谷歌总裁）、索妮娅·索托马约尔（美国最高法院现任法官）和麦克·麦库里（克林顿总统的白宫新闻秘书），等等。那时我经常会去校园里的凡士通图书馆学习，不止一次地坐在未来的诺贝尔奖得主约翰·纳什的身边，他经常在凡士通图书馆过夜。纳什教授很好辨认，他着装十分出众，经常穿着蓝牛仔裤、网球鞋、开领衬衫和粗花呢的外套。他嘴里还经常叼着一支雪茄。老实说，那时他并没有给人留下很深刻的印象。然而，我学会了不要以貌取人——这位先生研究的博弈论让他在1994年获得了诺贝尔经济学奖。

我在普林斯顿大学早期的学习成绩相对一般。学校的学生来自美国各地，还包括许多国际学生。因

引言 我与罗斯柴尔德家族

为我在美国南方长大,所以我的口音很容易被他人识别,一开始我有些害羞,不是很有自信。但是,随着时间的推移,我逐渐适应了新的环境,克服了内心的不安全感,建立了更多的自信。我在大四的时候,决定写一篇关于法国地区政治史的论文。由于普林斯顿大学杰出的学者和人脉网络,我获得了在法国东部阿尔萨斯省的两个暑假的工作机会。这使我能够对当地进行一些学术研究,同时也使我能够提高我的法语能力。1975年,我参观了位于法国阿尔卑斯山脉的摩津小镇,这也是我第一次接触到罗斯柴尔德的家族产业。罗斯柴尔德家族在20世纪20年代与比利时国王合作购买了这片美丽的土地,并决定将其建设成为一个文化中心,包括滑雪、高尔夫、网球、温泉等各类的体育、休闲设施,还每年赞助举办音乐会。这段经历给我留下了深刻的印象,让我见证了罗斯柴尔德家族的慈善事业的影响力。

在即将毕业之际,我一直在思考毕业之后自己将寻求什么样的职业发展。我很信赖的一个同学在之前一年的夏天去过亚洲,他建议我去亚洲旅行,但当时我对这个建议并不是很积极,也许是因为当时的我更喜欢学习法语和法国文化。不过，我仍然记得普林斯顿大学在1975年春天举办的中国历史文化展览。我被展出的书法与艺术作品的美丽和精致深深吸引。于是我决定在校申请普林斯顿亚洲协会的研究生奖学金。普林斯顿亚洲协会成立于1898年，当时学校派送本校毕业生到中国的天津市教授英语。普林斯顿大学的办公室里还陈列着不少老照片，上面显示着普林斯顿大学的学生在中国的各种情景，那时候中国还处于20世纪初清政府的统治之下。此后，未来去游览中国开始令我心有向往。

当时中美两国之间的关系并不密切，所以在1976年我没有办法直接去中国学习中文。然而，亚洲协会接受了我成为新加坡南洋大学教学研究员的申请。从此，我的亚洲之旅得到了强力的推动。这项计划允许我在2年的时间内，每天4小时，从中国的优秀语言教师那里学习汉语。

新加坡的语言培训对我来说是一个很好的机会。在个人层面上，它使我开始真正了解中国的传统文化。我从法语和德语的训练中了解到，一个国家的文化在很大程度上体现在语言和语法上，汉语也是如此。我特别喜欢学习孔子和他关于中国人对家庭的献身精神。道教哲学也吸引了我,我看到了它对日常生活的适用性。从实践层面来看,我越来越清楚地认识到,随着对中国语言和文化的理解,我会有更多的机会开始我的职业生涯。

从1976年到1978年,我在新加坡南洋大学接受培训的期间,也是现代历史上变化最为显著的阶段之一。我在南洋大学读书期间中国有三件大事让我印象深刻:一是最高领导人毛泽东于1976年去世,二是发生了可怕的唐山大地震,三是邓小平成为中国的改革派领导人。在邓小平的领导下,中国开始改革开放。我知道,随着我对中国语言和文化越来越深入的了解,在不久的将来,我很有可能成为其中的一分子。

03 通往金融业之路

时常会有年轻人问我关于在香港地区的罗斯柴尔德银行担任CEO的各种问题,如:如何成为

CEO？你是怎么做到的？老实说，这并不是我年轻时最初确定的人生目标。我赞同这样一种人生哲学，即享受目标达成的过程，跟享受终极目标同样重要。我相信在每个人的职业生涯中，常常都会遇到野心勃勃的一类人。他们采取选择捷径或贬低他人的手段，结果往往毁掉了自己的事业前途。他们常常只考虑如何达到终点，却忽略了所需技能的培养！

我给年轻人的建议就是：专心培养你的职业技能，要从每天、每周和每月做起。耐心是一种美德，当一个人发展自己的事业，碰到"是否辞职"的决定时，不能将"耐心"跟"懒惰"弄混了。保持耐心，但同时也要保持决心，要努力每天进步一点。专注于自己的发展方向，但同时要记住，成功的道路有很多条。学会培养开放性的思维方式，时时提醒自己去完善和细化个人技能。在职场上，你如何与同事和商业伙伴互动会直接影响你的职业发展。具备好的情商和智商都很重要。我很惊讶地发现，有些聪明人的事业从未发展起来，也许是因为他们没有掌握如何与同事相处，或是如何表现得谦逊。

我们还必须接受一个事实,那就是宏观因素和重大事件的不可预测性,它们会不断地改变我们一生中机会和幸运事件发生的频率。我还记得一些特别困难的岁月,例如1987年,股市在10月份的某个下午暴跌了超过50%;在2001年"9·11事件"发生后的几周,整个商业环境一直处于低迷状态,谁都不知道什么时候才能恢复正常;2008年金融危机的爆发带来了连续几周的巨大恐慌。当这些历史事件发生时,人们是没有办法规避的。每个人都会受到影响,同时必须相应地调适自己的期望值。那些困难的岁月就像逆水行舟一样,如果你能熬过困难时期,好运和财富的出现只是时间的问题。一个人必须保持警惕和乐观,这样才能保证你在第一时间识别出这样的机会。当好运发生时,就像一个人乘坐独木舟全速顺流而下,感到四面八方都在助你一臂之力。

在我银行职业生涯的初期,我其实是处于挣扎状态的。然而回首过去,我意识到不仅仅是我一个人在挣扎,我的同事也是一样。20世纪80年代,在纽约主要的银行工作是很惊险刺激的事,并不是人们想象的那样安全、舒适。现在回想起那个时期，美国正深受拉丁美洲银行危机的影响。这场新兴市场的危机从轻微的市场波动开始，最终蔓延成熊熊的烈火，导致美国排名前5的银行中的4家倒闭或被迫进行合并。在人员方面，它还终结了数十位经验丰富的银行家的职业生涯，这些银行家此前一直坚信，主权贷款永远不会导致银行亏损。他们几乎不知道，如果一个国家没有外汇储备，就不可能偿还美元贷款。这是我在银行业工作经历的第一个"银行海啸"（Banking Tsunami），但并不是最后一次，连我自己都没想到同类的事件后来会一次又一次地发生。所有行业都有繁荣和萧条的周期，银行业也不例外。

在我的职业生涯中，我很幸运地得到了许多优秀的银行高管的指导，他们还给予我担任领导层职务的机会。20世纪90年代初，我被指派到中国台湾地区担任一家银行分支机构的行长。那时，我认识了来自台湾地区的珊珊，她后来成为我的妻子。我们的两个孩子都出生在台湾地区，我们给他们同时取了英文名和中文名。我在台湾地区担任银行行长的期间，同时经历了台湾地区经济日益自由化、外汇管制逐步解除的重大变化。这也是台湾地区与大陆地区之间贸易和投资增长的一个重要时刻。

我在中国台湾地区的工作表现引起了我们银行管理层的注意，1992年他们转派我到中国香港的区域办事处。很明显，中国的经济正在持续增长。到中国旅行已经变得越来越方便，我珍惜每一次去中国旅游和学习的机会。

我之所以能在财富管理领域里有一些成绩，都是凭借我早期在纽约和台湾地区工作时的积累，我有幸得到一系列的任务和升职机会，这使我的管理权限越来越大，并接触到了不同的市场。后来新加坡订单中心的业务迅速上升，我被调去了新加坡工作。几年后，又有人聘请我去日内瓦的瑞银集团办事处担任重要职位。但无论我被调派到任何新地方，或者接受任何新任务，我都会事先与我的家人沟通，征得他们同意后才会搬去新的城市。我在事业上取得的所有成就，都是因为我的妻子和孩子们的支持。除了享受财富管理工作中的乐趣之外，为我的孩子提供稳定的生活和坚实的臂膀，对我来说是一个至关重要的目标。我真心实意地认为，如果一个人对家庭不给予足够的重视，是不能称为百分之百成功的。

04 成为罗斯柴尔德家族企业的一员

2006年我第一次收到罗斯柴尔德家族企业的正式聘用邀请。当时我还在瑞银集团任职，薪酬待遇良好，对自己的工作十分满意。因此，最初我拒绝了他们的邀请。说到此，我必须感谢罗斯柴尔德家族为了招聘我所体现出来的诚意。他们从没有用强势的姿态来说服我，反而是坦然接受了我推辞的理由，他们这种轻松的风格给我留下了深刻的印象。所以一年后，当他们再次联系我时，我觉得自己可以接受这个变化，加入罗斯柴尔德家族企业，并接任香港地区办公室的CEO职位，回到大中华地区。

2007年我加入罗斯柴尔德家庭集团时，正遇上全球金融市场开始经历剧烈的波动，但这一切

引言 我与罗斯柴尔德家族

只不过是危机的前兆。这场危机给全球经济造成了严重破坏,后来被称为2008年金融危机。这场危机起源于次贷危机,一开始影响了美国的经济,后来迅速蔓延到冰岛、希腊和英国等其他国家的经济市场。

我十分幸运地在危机爆发的时候,来到这家异常稳固的罗斯柴尔德银行。从2008年年底到2009年,全球金融体系的生存能力成为大家关注的议题。危机最终结束,我们也渡过了难关。至今我还可以很自豪地说,我们的银行挺过了这场危机。我们施行了严格的风险管控措施,确保了我们银行的地位。事实上在这些年里,我们的银行拥有着行业内最高的资本充足率(Capital Adequacy Ratio,CAR)。总部设在瑞士的国际清算银行(Bank for International Settlement,BIS)为国际银行制定了《巴塞尔协议III》,要求它们保持至少8%的资本充足率。几家大银行实际上在2008—2009年跌破了这一水平,并迫切地寻找资产来平衡他们的资产负债表。然而,在整个金融危机期间,我们的银行维持了超过23%的资本充足率——几乎达到所需资本水平的3倍。当时如果论财富的安全保管能力,可能很难有银行比得过罗斯柴尔德银行。

在同一时期,我们的对冲基金也没有"封闭期"规定。许多共同基金引入了"封闭期"的条款,限制投资者从共同基金中赎回和提现。这种规定在对冲基金领域里也比较常见。基金经理会使用"封闭期"来减缓资金流失,在投资者发出提款要求后迫使他们等候一段时间,才能提取账户中未被占用的资金。我们银行开发的对冲基金可以追溯到1969年,这也是市场中最早的对冲基金之一。在它长达39年的运作期间,它为投资者提供年均两位数的回报率。同样的,我们的对冲基金一直是开放式的,从未实行过"封闭期"的规定。

每当有人问我在罗斯柴尔德集团任职时的个人管理风格如何时,我都首先感谢与我共事的团队,感谢他们努力与勤奋的工作作风。我个人一直坚信,团队配合和合理分工是当今企业有效管理的重要元素。多年来,中国的道家思想中关于领导力的一些学说极大地启发了我,以下是我认为管理应当遵循的一些原则:

引言 我与罗斯柴尔德家族

- ◆ 没有必要的时候，智慧的领导者绝不插手。
- ◆ 领导者只需要别人知道他在场就好，让团队成员自己去运作。
- ◆ 有些领导者喜欢做很多事，讲很多话，有很多追随者，最终搞成个人崇拜。
- ◆ 有些更糟糕的领导用恐惧来刺激团队，只有糟糕的领导才有坏名声。
- ◆ 记住，你只是在引导一个人的处事方法，但这不是你的处事方法。
- ◆ 不要干涉，不要控制，不要突显你自己的需要和见解。
- ◆ 如果你不信任一个人的处事办法，对方也不会信任你。
- ◆ 智慧的领导者会尊重所有人的行为，这样整个团队就会更加开放，做出具有更多可能性的创新行为。
- ◆ 当人们对一切事物都抱着开放的态度，而不仅仅只想搞清楚自己的老师喜欢什么时，他们就会学到很多东西。

我为罗斯柴尔德家族忠诚地服务了六年,并于2013年退休。我非常感谢纳丁·罗斯柴尔德夫人,并为她和她的儿子本杰明的领导力而深受鼓舞。能够与如此诚信、敬业的专业人士一起共事是我的福气。我敢说我们为客户提供了卓越的服务,我们的成功是大家共同创造的。

金 句

1. 保持耐心，但同时也要保持决心，要努力每天进步一点点。专注于自己的发展方向，但同时要记住，成功的道路有很多条。学会培养开放性的思维方式，时时提醒自己去完善和细化个人技能。

2. 那些困难的岁月就像逆水行舟一样，如果你能熬过困难时期，好运和财富的出现只是时间的问题。一个人必须保持警惕和乐观，这样才能保证你在第一时间识别出这样的机会。

3. 我真心实意地认为，如果一个人对家庭不给予足够的重视，是不能称为百分之百成功的。

4. 我个人一直坚信，团队配合和合理分工是当今企业有效管理的重要元素。

5. 智慧的领导者会尊重所有人的行为，这样整个团队就会更加开放，做出具有更多可能性的创新行为。

第一编

走近财富之门

——熟悉基本金融投资工具

PART ONE

第一章
认识货币市场

金钱不是万能的,不过它确实能让你的孩子们跟你保持联系。

——亚历山大·汉密尔顿
(美国第一任财政部部长)

你知道吗？

　　1685年，法国国王路易十四废除了《南特敕令》之后，最早的私人银行家在瑞士的阿尔卑斯山脉地区出现了。此前，《南特敕令》规定天主教为国教，并承认法国国内胡格诺教徒的信仰自由。该法令被废除后，非天主教人士开始每年带着他们的财富到日内瓦附近，将其委托给当地值得信任的钱商来保管，并向这些钱商支付一定的费用。首批私人银行家由此诞生！

第一章 认识货币市场

为了打造一个便于理解的投资世界的学习框架,我们首先需要了解三类基本的资产类型:

- *现金与货币市场产品*
- *债券与固定收益产品*
- *权益类产品*

当然,我们可以投资的产品不仅限于这三类。但是,对这三类基本的资产有一个框架性的认识有助于我们初步了解全球金融市场。

在本章,我们先来认识一下货币市场。

货币市场的重要作用及特征是:存放你在短期(12个月以内)内可能会动用的资金。对于在此类市场上投入的资金,你的回报预期应当是合理的,或者可以说是有限的。

在将你的现金资产投入任何一家机构之前,你应当像关注其承诺的投资回报一样,关注该机构的可靠性。实际上,一个远远超出市场平均收益的回报承诺,往往是一个危险信号,你起码应该在存款前对存款机构的安全保障做一些基本的查询。

货币市场里最常见的投资产品包括:

◆ 活期存款

◆ 定期存款

◆ 大额存单

◆ 货币市场基金

那么,这些投资产品的潜在风险分别是什么呢?

在2008年之前,货币市场产品普遍地被定义为低风险,甚至为零风险的产品。然而,自从2008年美国次贷危机及全球金融危机爆发之后,金融机构违约风险成为大家普遍担忧的问题,虽然这种情况在此前近80年的历史上从未出现过。

面对金融机构违约风险,投资者应采取什么样的保护措施呢?多年来,美国政府设立了联邦存款保险公司(Federal Deposit Insurance Company,

FDIC）①，来保护在美国境内银行存款最高不超过10万美元的客户。在2008年之后，该机构的存款保险额度从10万美元上调至25万美元。美国政府设立联邦存款保险公司的目的是维持美国金融系统的整体稳定性。联邦存款保险公司表示：任何隶属于联邦存款保险公司监督的银行，在宣布破产时，银行客户可以凭借有效证明在2天内从联邦存款保险公司获得最高25万美元的保险金索赔。

近年来，中国政府也开始推行相似的金融政策。在中国金融监管机构的指导下，中国各大银行制定了现代化的存款保险制度。在中国，每个账户享有50万元人民币的存款保险额度。其他一些国家或地区也纷纷推出各自的保险制度来维护存款人的利益。例如，2008年全球金融危机爆发后，中国香港和新加坡成为两个特别值得注意的地区，这里的金融监管当局提出全面保障所有客户在其所辖银行

---

① 联邦存款保险公司：中文又译作"美国联邦储蓄保险公司"，它是美国联邦政府的独立金融机构，负责办理存款保险业务。该公司从1934年1月1日起，对联邦储备系统所有会员银行以及申请参加联邦储备保险并符合条件的州银行，实行有法定限额的存款保险制度。

"一直走不要停,千万别乱看。"

　　此图利用橱窗上的招牌"泰坦尼克号银行及信托机构"双关语,诙谐地表示,即使是银行及金融机构也有可能不安全。

的存款。又如，瑞士的银行机构——一个占有全球海外储蓄总额三分之一的银行体系，也决定把存款保险额度从2.5万瑞士法郎上调至12.5万瑞士法郎。

我认为，假设本地银行破产，让你损失大笔财产，这种残酷的突发性事件可能会促使你把其余的储蓄转换成现金藏在床底下。然而，选择把大量的现金抓在手中也意味着你舍弃了利息和其他的获利机会，所以这并不是理智的行为。

接下来我们分析一下短期定期存款的收益率。

2006年，美元短期定期存款的年收益率大约是4%（见图1-1）。也就是说，100万美元的存款在一年到期后可产生约4万美元的收益，相当于月收益为3333美元。通常来讲，银行给的短期定期存款利率会稍微高出于通货膨胀率。

货币市场基金也是一种可以和定期存款做类比的投资产品。货币市场基金会给投资者带来类似于短期定期存款的利息收益（有时稍高，有时稍低）。

这类基金适合熟悉股市，并经常买进卖出的投资者，因为投资者一般可以在48小时内把货币市场

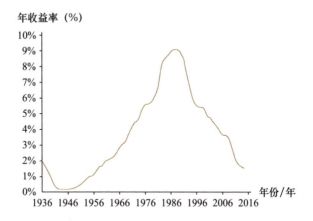

图1-1 美元短期定期存款的年收益率（1936—2016）[①]

基金转换成现金，比定期存款方便很多。然而，投资者应当注意的是，货币市场基金尽管通常意义上都很安全，但是它没有前面提到的联邦存款保险公司的存款保险作为后盾，一旦基金的发行人破产，投资者将承担所有损失。这种情况在2008年也确实发生了。当时有些没有取得吸收储蓄许可的投资银行，为了规避管制，诱导投资者把他们的短期现金

---

① 图中以1936—2016年3个月期美国国债收益率代表美元短期定期存款的年收益率。

资产投入货币市场基金当中。全球金融危机爆发后,投资银行破产,投资者损失惨重。

在2001年"9·11事件"之后几年,美国联邦储备系统(以下简称"美联储")开始推行所谓的"量化宽松"利率政策,多次降低基准利率,导致3个月期美国国债的收益率最低时曾降至0.5%。虽然在2006年和2007年基准利率缓慢攀升,但2008年的全球金融危机又一次迫使美联储把基准利率降低至接近于零,以刺激经济恢复,很多美国人一辈子都没见过这种情况。以100万美元存款来举例,最低时0.5%的年收益率仅仅能产生5000美元的年收益,也就是约400美元的月收益。这与2000年之前的3333美元的月收益(4%的年收益率)相比,可谓天壤之别。

美联储——相当于美国的中央银行——推行的零利率政策给美国的经济发展带来了很大的影响,而且越来越受投资者的关注。表1-1显示的是1980—2018年近40年的3个月期美国国债的收益率。3个月期美国国债的收益率与美国银行的短期定期存款利率几乎是一样的。

表1-1 1980—2018年3个月期美国国债的收益率

年份/年	收益率/%	年份/年	收益率/%	年份/年	收益率/%
1980	11.22	1990	7.55	2000	5.76
1981	14.30	1991	5.61	2001	3.67
1982	11.01	1992	3.41	2002	1.66
1983	8.45	1993	2.98	2003	1.03
1984	9.61	1994	3.99	2004	1.23
1985	7.49	1995	5.52	2005	3.01
1986	6.04	1996	5.02	2006	4.68
1987	6.45	1997	5.05	2007	4.64
1988	8.11	1998	4.73	2008	1.59
1989	5.72	1999	4.51	2009	0.14

年份/年	收益率/%
2010	0.13
2011	0.03
2012	0.05
2013	0.07
2014	0.05
2015	0.21
2016	0.51
2017	0.95
2018	1.95

（数据来源：美国财政部。）

短期利率主要受美联储颁布的货币政策影响。短期利率在小布什总统执政初期曾经很低，随着经济好转开始慢慢上升。但是，该利率在2008年全球金融危机爆发后陡然下降，在奥巴马总统任期内变得更低。虽然美联储主席由总统亲自挑选，但是该机构在货币政策方面拥有独立的行政权力。

其实，在"9·11事件"和2008全球金融危机后实行的零利率政策，并不是前所未有的，日本就曾经长期维持零利率政策，瑞士还曾经实行过"负利率"政策，目的之一是用来降低瑞士法郎的汇率。近年来，在欧洲中央银行前行长马里奥·德拉吉（Mario Draghi）的领导下，作为极度量化宽松政策的一部分，欧洲市场甚至开始出现负收益率债券。

不少专家认为，一家银行的安全性可以通过它的资本充足率来衡量。位于瑞士巴塞尔的国际清算银行（BIS）就大力地采用资本充足率作为全球金融监管的标准。国际清算银行（BIS）的主要作用是制定与银行国际业务相关的安全章程，并确保交易的透明性。其首要功能是协助各国的中央银行之间的合作，维护国际金融和货币市场的整体稳定性。

资本充足率也称资本风险（加权）资产率［Capital to Risk（Weighted）Assets Ratio, CRAR］，它表示的是一家银行的资本总额与其风险加权资产的比率。发达国家的金融监管机构一般都会有对银行资本充足率的监管，目的是确保银行能够承受合理范围内的损失，同时也满足国际清算银行（BIS）的资本要求。

银行资本可以分为以下两级：

一级资本：如果发生亏损，银行无须停止经营即可承担损失的资本水平；

二级资本：银行在弥补损失的过程中，需要逐渐关停业务，并仅能为存款人提供较差保护的资本水平。

资本充足率基本上类似于杠杆比率，可以与债务股本比率的倒数进行比较。只不过资本充足率是股本与资产的比率，而不是债务与股本的比率。同样，与传统杠杆比率不同的是，资本充足率涉及的各类资产的风险水平可以参差不齐。虽然各个国家用于计算银行的资本充足率的方法不尽相同，但都与国际清算银行的计算方法基本一致。

国际清算银行（BIS）发布的《巴塞尔协议Ⅲ》中要求：任何一家国际银行的资金充足率必须维持在8%以上。

许多知名的国际银行（如花旗银行、瑞银集团、瑞士信贷等）目前都维持着大约11%的资本充足率。但是，在2008年次贷危机爆发期间，有几家大银行（其中包括花旗银行和瑞银集团）的资本充足率都差点低于8%的标准。为了避免出现停业破产的局面，它们纷纷采取措施补充资本金，来抵消大规模的次级贷款风险损失。

在衡量银行的安全性过程中，投资者可以参考的另外一个实用指标是银行的杠杆比率。《巴塞尔协议Ⅲ》把杠杆比率定义为"资本度量"与"风险度量"之比。"资本度量"可视为我们前面所定义的第一层资本——如果发生亏损，银行无须停止经营即可承担损失的资本水平。"风险度量"包括四类风险，即资产负债表内项目风险、金融衍生产品风险、证券融资交易风险、资产负债表外项目风险。

国际清算银行（BIS）的研究报告中指出，2008年全球金融危机发生的一个潜在主要原因是：银行系统内过多的表内及表外举债经营行为。

近年来,许多大规模的国际银行的资产速度增长,其相应的杠杆比率也在飞快上涨,使得一些政府高层人士开始担心,如果这些银行出现破产,杠杆效应造成的资金损失可能将会超出大部分政府的救助能力。举例来说,有两家大型瑞士银行,近年来资产负债表上的资产总额居然超出了本国国内生产总值(GDP)。假设出现坏账,它们将无法履行债务责任,进而给国家金融体系带来灾难性的沉重打击。

因此,为了应对社会大众近些年来日益滋生的针对发达国家银行体系的负面抵触情绪[1],一些国家的金融监管部门积极地采取各种措施来修正过去金融系统中出现的一系列不良行为,争取重获公众的信任。美国的金融监管机构已明确规定银行的杠杆比率必须维持在不超过3%的水平。

归根到底,了解货币市场产品是建立投资知识体系的重要步骤。太多投资者把货币市场产品想当

---

[1] 这里是指全球金融危机后,发达国家的一些银行因过度使用杠杆等造成大量风险,民众对银行体系产生的信任危机。

然地视为无风险的投资产品,但是历史告诉我们,这种理解并不总是对的。对一家银行的基本指标有所了解,例如知道它的资本充足率及杠杆比率,将帮助投资者判断一家银行的整体安全性,以及是否可以将资金存放在该机构内。同时,投资者还要了解一个国家的金融政策是否包括类似于联邦存款保险公司那样的保护措施,这种保护措施能确保投资者的财富安全。最后,还要明白将现金藏在床底下,也是有代价的,这会令你失去得到其他收益的机会。这些都是投资的基本常识。

金 句

1. 实际上，**一个远远超出市场平均收益的回报承诺，往往是一个危险信号**，你起码应该在存款前对存款机构的安全保障做一些基本的查询。

2. 选择把大量的现金抓在手中也意味着**你舍弃了利息和其他的获利机会**，所以这并不是理智的行为。

3. **太多投资者把货币市场产品想当然地视为无风险的投资产品**，但是历史告诉我们，这种理解并不总是对的。

4. **对一家银行的基本指标有所了解**，例如知道它的资本充足率及杠杆比率，将帮助投资者判断一家银行的整体安全性，以及是否可以将资金存放在该机构内。

5. **要明白将现金藏在床底下，也是有代价的**，这会令你失去得到其他收益的机会。这些都是投资的基本常识。

》思　考

1. 在投资组合中投资者将部分资金投入货币市场类的投资产品中，主要的优点和缺点是什么？

2. 近年来，货币市场的基准利率是呈上升还是下降趋势？

3. 资金放入定期存款中，投资者会碰到的最坏情况是什么？

4. 从历史趋势上看，美国目前是处于高通胀环境还是低通胀环境？

5. 存款与货币基金的安全保障有何不同？

6. 如何简单地判定金融机构的风险和稳健程度？

PART ONE

第二章
熟悉固定收益市场

化繁为简,致力专精。

——乔·马登

(美国棒球联盟冠军,芝加哥小熊队经理)

你知道吗？

　　世界上最早的政府债券是1517年在荷兰发行的。当时的阿姆斯特丹市政府为了发展城市的基础建设，通过发行长期债券来进行募资，在投资者持有债券期间还会定期提供票面利率的收益。现在，全球的债券市值已超过87万亿美元，超过了全球股票市值的两倍！

第二章 熟悉固定收益市场

固定收益产品属于投资者应当了解的另一个基本的资产类别。在金融圈内,大家会直接称呼它们为债券。债券也分很多种类。为了有别于定期存款或者货币市场工具,也为了简便起见,我们把这类资产定义为存续期超过定期存款、到期时间在2年到30年内(此处通常指美国国债)的资产。

此外,我们必须明白债券的本质是债务型工具,它意味着发行人(通常是政府或企业)对债权人的一个承诺,承担在债券到期日偿付全额票面价值及固定或浮动利息的义务。发行人有时候会设定价格"赎回"债券或以设定价格将其从市场上撤出,这类债券我们称为"可赎回债券"。还有一些时候,企业发行的债券可能会被购买债券的人以特定价格"转换"为企业的股权，这类债券我们称为"可转换债券"。

在私人银行业务里，过去债券被认为是由高净值客户、老年群体和机构投资者主要持有的投资产品。债券的最大特点是回报安全性高。投资者不仅能够选择债权期限，而且还能在约定日期得到固定的收益。债券曾经可靠到什么程度呢？你甚至可以凭借债券的票面利息来准备冬天去博卡拉顿①度假的所有消费！今天，债券的票面利息依然能按时支付，可惜随着时间的推移，债券的票面利息和产生的收益都越来越少。很遗憾，如今债券的收益水平已经不太可能实现去博卡拉顿度假的计划了。即便如此，债券类投资仍然非常重要，投资者在投资组合里配置一些债券依然是有价值的。

过去三十多年间，债券市场发生过一些创新事件激发了整个债券市场的活力。以迈克尔·米尔肯（Michael Milken）为例，他是美国债券投资领域

---

① 博卡拉顿：美国佛罗里达州的度假胜地。

大名鼎鼎的风云人物。在20世纪80年代，米尔肯和他的同事们创造了金融市场中的一个细分市场——"垃圾债券"市场。米尔肯通过在"垃圾债券"市场中的创新手段，不仅促进了美国经济的发展，而且刺激了沉淀于传统行业的旧资本的重新流通。米尔肯对金融界的启发就是，"垃圾债券"作为单一金融工具，风险虽然很高，但是如果进行组合处理，它们也能够给投资者带来高价值的利益。所以，迄今为止，米尔肯在很多人心中仍然是一个传奇！

一、投资固定收益产品的理由

为什么我们应该关注债券市场？通常，固定收益产品的回报率会高于货币市场产品。如果你有12个月内不用的零散资金，就可以考虑把钱投入债券市场。债券偿还期的整体范围是2年到30年，对于个人投资者来讲，我建议你重点考虑投资3年到10年偿还期的债券。10年以上偿还期的债券更适合于人寿保险公司，而并不适合个人投资者。

投资债券的好处在于,明智的投资者可能会获得比定期存款高出不少的利息收益。在多数情况下,一年或更短期的定期存款的收益率,高于2年、5年、10年甚至以上期限的同类产品。而通常,5年期债券的整体收益率会高于3个月或6个月期定期存款的收益率,除非我们处于特殊的市场环境。

债券的另一个吸引人的地方在于,如果债券的价格出现上涨,投资者将有机会锁定资本收益,这种情况的出现往往是因为当时的市场利息率下降。事实上,即使投资者选择购买了10年期债券,一旦有获取资本收益的时机出现,投资者仍然可以选择交易或卖出债券。

随着偿还期的临近,债券的价格会越来越接近票面价值(通常是100美元)。这点要特别注意,尤其是当你以高于100美元的票面价格买入一个溢价债券时。你的确可以通过它产生的高票息获取一些良好的现金流,但是在债券到期日那天,你得到的补偿将会低于购买债券时所付出的本金。因此,请你务必留意购买的债券是溢价发售的债券,还是折价发售的债券。[①]

关于债券的利率和收益率，人们经常会对它们有一个普遍的误解，那就是债务偿还期越长，伴随的收益率就越高。这种理解只是部分正确。投资者理解"收益率曲线"对学习债券市场是有帮助的。收益率曲线也被称为"利率期限结构"，它显示的是在不同时间点，债券利息率或收益率与到期期限（如1个月、3个月、5年、10年，乃至30年不等）之间的变化关系。依靠直觉，人们会认为债券投资3个月的收益率会低于30年的收益率。在正常的收益率曲线（见图2-1）下，这种理解是正确的。然而，金融史上有出现过平的收益率曲线（见图2-2），也就是说

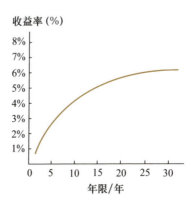

图2-1　正常的收益率曲线

---

① 债券溢价发售是指债券以高于其面值的价格发行。债券折价发售是指债券以低于其面值的价格发行。

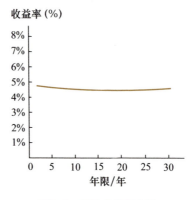

图2-2 平的收益率曲线

无论投资或者贷款期限的长短,收益率是几乎相同的。

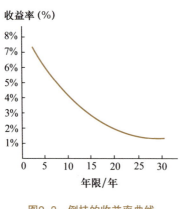

图2-3 倒挂的收益率曲线

历史上也曾有过非同寻常的倒挂的收益率曲线(见图2-3)。倒挂的收益曲线通常与经济严重放缓有关,实际上在2008年全球金融危机前夕就出现了这样的情况。

正常的收益率曲线通常反映的是健康的经济发展。在收益率方面，长期债券会略高于短期债券。如果长期收益率远高于短期收益率，图2-1中的收益率曲线走势会更为陡峭，表明投资者预测经济会快速增长。这样的收益率曲线在2005年中期出现过，当时"9·11事件"过去了3年多，美国的经济再次开始扩张。

平的收益率曲线通常发生在短期利率上涨、长期利率下降的时候。2015年出现过一次这样的状况，当时美联储将短期利率提高了0.25%，但是它只推高了图2-2中的短期收益率部分。然而，由市场决定的长期利率却降低了，表明未来利率可能仍然保持低位。

当短期收益率高于长期收益率时，投资者们称之为"倒"收益率曲线环境。此现象往往是经济萎缩的前兆。因为长期收益率是通过短期收益率来预测的，长期收益率下降意味着短期收益率在未来会走低。这种曲线说明经济发展疲软。倒挂的收益率曲线曾出现在2000年和2006—2007年的美国，而且这两个时间段都伴随着美国经济的衰退。实际上，在2008年全球金融危机中,全球48%的收益率曲线都出现了倒挂现象!

二、债券市场的风险

债券有多种类型,如公司债券、政府债券、可转换债券、零息票债券、通货膨胀挂钩债券和浮动利率债券。但任何投资产品都有风险,债券也不例外。下面我们来分析债券投资的主要风险类别。

1. 信用评级与发行人风险

债券发行人的可靠程度是有高有低的。判断债券发行人可靠程度的最直接的一种方法是查询债券发行人或债券本身的信用评级。当今世界上有三大国际公认的信用评级机构,分别是穆迪公司、标准普尔和惠誉国际。近年来,中国也发展出自己的债券评级机构,如中国诚信国际信用评级有限公司,这是一家与穆迪公司合作建立的合资企业;此外,还有中国联合信用评级有限公司(合资方:惠誉国际)和上海新世纪资信评估投资服务有限公司(合资方：标准普尔）。另外还有两个独立经营公司，分别是大公国际资信评估有限公司和上海远东信用评级有限公司。本质上，这些信用评级机构都是向投资界提供有用的信息。它们在评估风险质量时，基本上是用相似的方法对市场上交易的固定收益类投资产品进行评级。

为了方便描述，让我们使用标准普尔的术语来理解和比较不同的信用评级。最安全的标准普尔信用评级是AAA，但如今只有少数政府、银行和公司拥有AAA的信用评级。你会发现绝大多数有投资价值的债券都被评级为AA、A或BBB。一旦债券的信用评级低于BBB，它可称为"垃圾债券"，其违约风险明显高于具有投资级地位的债券。投资者有时会考虑是否投资"垃圾债券"。以我的个人经验，我建议保守的投资者应避免投资这样风险高、评级差的债券。然而，如果你的风险偏好属于主动追求风险型，而且计划投资金额占你的总资产比例不大的话，可以考虑投资"垃圾债券"。在"高收益"债券市场中有过很多成功的案例，包括投资者投资了部分类似"垃圾债券"的"高回报"产品，最终获得了可观的收益。

从2007年开始，"垃圾债券"市场出现了一种反常行为，一些投资银行把越来越多的"垃圾债券"打包组合，将其称为"担保债务凭证"（Collateralized Debt Obligation，CDO）。信用评级机构曾屡次疏忽对于这些产品的风险评估，有时还给它们过高的信用评级（如A、BBB），以此来掩盖真实的违约风险。当时，许多担保债务凭证是由美国房地产市场里的那些很难还清的房屋抵押贷款重新组合而成的。由于美国那段房地产投资的黑暗历史，"CDO"已经几乎成为行业中的一个贬义词。在2008年全球金融危机之后，信用评级机构在国际金融中的角色开始受到严格的审查。因为太多的案例显示，"投资级"公司陷入违约，相关的股东和负有债务的客户受到了惩罚。2008年全球金融危机时，全球经济和日常主流投资者们损失巨大，舆论压力迫使穆迪公司、标准普尔和惠誉国际这三大信用评级机构改变业务模式，但愿它们能在未来提高自己的评级水准。

三大信用评级机构的信用评级标准如表2-1所示。

表2-1　三大信用评级机构的信用评级标准

类型	穆迪评级	标准普尔评级	惠誉评级	信用评级标准
投资级	Aaa	AAA	AAA	此级债券是最高质量的，信用风险最低
	Aa1 Aa1 Aa1	AA+ AA AA−	AA AA−	此级债券是较高质量的，信用风险比较低
	A1 A2 A3	A+ A A−	A+ A A−	此级债券是中高质量的，有较低的信用风险存在
	Baa1 Baa2 Baa3	BBB+ BBB BBB−	BBB+ BBB BBB−	此级债券是中等质量的，有一定的信用风险和投机成分
投机级	Ba1 Ba2 Ba3	BB+ BB BB−	BB+ BB BB−	此级债券有一定的投机成分，并有较高的信用风险
	B1 B2 B3	B+ B B−	B+ B B−	此级债券被认为具有投机成分，并会受到高信用风险的影响
	Caa1 Caa2 Caa3	CCC+ CCC+ CCC−	CCC+ CCC+ CCC−	此级债券属于次级债券，可能有很高的信用风险
	Ca	CC C	CC+ CC+ CC−	此级债券很有可能接近或者已经违约，只有较低的偿还本金和利息的可能性
	C	D	DDD	此级债券是最低评级的债券，通常是违约的，几乎没有收回本金或利息的可能性

即使我们只投资债券市场中的"投资级"产品，我们也应当关注一下其债券违约的概率有多大。如图2-4所示，在1991年第一次海湾战争之后的经济衰退阶段，债券发行商发行的所有债券中，总共出现了约100次违约。10年后，在2001年"9·11事件"后，违约数量飙升至约230次。而到了2008年全球金融危机之后，该数字又被超越，如2009年总共出现250多次违约，其中许多是与美国房地产市场发行的次级债有关。

尽管违约现象严重，我们在评估与债券投资相关的风险时，仍然要避免情绪的干扰，从历史数据

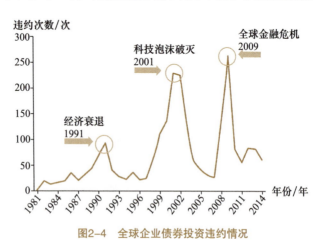

图2-4　全球企业债券投资违约情况

来客观地分析情况。毕竟发生违约的债券，仍然只占债券市场发行中的一小部分。如表2-2所示，历史数据表明，假如你投资评级为AAA五年期的债券，到期发生违约的可能性仅为0.36%。即使你富有冒险精神，选择债券市场的高风险产品，如投资评级为BBB-的五年期债券，到期发生违约的概率也只是上升至3.29%。对于今天的私人投资者来说，只要你严格局限在"投资级"范围来投资债券，资产安全的概率仍然比你在北美任何主要城市夜间行走的安全概率要高一些。

在信用评级低于BBB的投机级债券市场，也就是"垃圾债券"市场中，违约风险陡然增大很多，违约概率达到约15%的水平。喜欢惊险刺激的投资者假如对这种高收益、高风险的"垃圾债券"感兴趣，那么还不如选择投资高收益、高风险的共同基金。它们一般是由35～40种不同的债券组成。投资者要尽量避免仅持有单一债券，否则会导致风险过于集中。

作为一个投资的重要领域，债券市场有一个可取之处就是其庞大的市场规模。从市场规模来说，

表2-2 不同信用级别的债券到期违约率

单位：%

级别	标准普尔评级	1年期	2年期	3年期	4年期	5年期
最高评级	AAA	0.00	0.03	0.14	0.24	0.36
	AA+	0.00	0.05	0.05	0.11	0.17
	AA	0.02	0.03	0.09	0.23	0.38
	AA−	0.03	0.10	0.20	0.28	0.37
中高评级	A+	0.06	0.11	0.23	0.38	0.51
	A	0.07	0.17	0.26	0.40	0.54
	A−	0.08	0.20	0.32	0.46	0.66
中低评级	BBB+	0.13	0.36	0.63	0.91	1.21
	BBB	0.19	0.49	0.76	1.18	1.60
	BBB−	0.30	0.91	1.63	2.47	3.29
平均	投资级	0.11	0.29	0.50	0.76	1.03
	投机级	3.87	7.58	10.79	13.39	15.49
	所有级别	1.50	2.95	4.23	5.31	6.20

债券市场大大超过了所有其他资产市场类别。2016年，固定收益研究机构纽文（Nuveen）的年度报告中指出，全球的债券市场总规模估值为87万亿美元，超过全球股票市场（42万亿美元）的两倍还多。除了规模之外，债券市场还越来越国际化，超过全球61%的债券发行者来自美国境外。尽管美元仍是全球储备货币，以美元进行交易的贸易额仍然占全球总贸易额的约三分之二，但作为金融工具的债券，如今在40多个国家或地区以20多个币种来发行。

2. 利率风险

投资债券会给你提供固定收益或到期收益（yield until maturity，YTM），但债券本身的价格在有效期间是波动的。如果你持有债券直到到期日，那么你的债券回报永远等于到期收益。不过，如果你像很多投资人那样在债券到期前将其卖出，你就有可能面临资产升值或贬值的风险，这取决于出售债券时的市场价格。

当市场利率下降时，债券价格上升；而当市场利率上升时，债券价格则下降 。我们必须牢记：债券价格和市场利率之间是呈完全反向变动的关系。如果市场中期利率或长期利率上升,债券价格就会下跌。如果你被迫出售债券以换取流动资金,你可能会面临债券投资贬值的风险。

当然,从另一个角度来说,我们要记住"硬币总有两面"。市场利率上升时你可能会因为出售债券而亏钱,但假如出现相反的情况,政府降息或发生其他突发事件,导致市场利率降低时,那么你也可能因为出售债券而大赚一笔,实现相当可观的利润或资本收益。

三、债券市场中发生违约的可能性有多大

利率上升并不是影响债券价格的唯一因素。债券的发行者——政府也好企业也罢,在经历了一场重大危机之后,其偿付预定票面利息的能力都会受到不同程度的影响,这也将会反向冲击债券本身的价格。

以上情况的一个典型案例发生在希腊政府债务逐渐失控的时候。整个金融市场对希腊政府违约

第二章 熟悉固定收益市场

的恐惧心理,极大地影响了希腊政府发行的债券价格。2009年,希腊政府债券的10年期年收益率标价约为7%,而当希腊金融危机在2012—2013年全面爆发时,其10年期年收益率飙升至35%。从价格角度来看,这相当于希腊政府债券的价格从面值约93美元下降到接近65美元;如果投资者出于恐慌将希腊政府债券卖出,以当时持有票面价值10万美元的希腊政府债券计算,预计损失将会超过3万美元。

另一个典型案例是2008年的雷曼兄弟公司(Lehman Brothers)的恶性违约事件。虽然当时雷曼兄弟公司的信用评级为A,但是也宣布破产,所发行的债券无法兑现。其中,有许多债券都是以迷你债券(mini-bonds)①的形式出售给各个货币市场中心的小型散户投资者。雷曼兄弟公司倒闭后,仅在中国香港地区市场就有将近2.1万起诉讼案件发生。散户投资者希望通过起诉雷曼兄弟公司来获得赔偿,弥补因其破产导致的资产损失。

---

① 迷你债券:就是信贷挂钩票据(Credit Linked Notes),是一种复杂的结构性金融产品,交易对象主要是散户投资者,所以称为"迷你债券"。

垃圾食品的新概念

当日特色菜:汉堡、薯条、奶昔和垃圾债券

此外，私营企业债券发行人也发生了不少恶性债券违约事件。例如，曾经的美国能源巨头安然公司（Enron）于2001年爆发债券违约，总额超过130亿美元。

货币贬值也同样会对债券的定价产生巨大影响。如果债券面值货币对美元贬值，那么投资者会希望以更高的债券收益率来获得补偿，而这有可能迫使债券价格下跌。由于全球贸易市场65%的交易依赖美元来进行财务流通，所以美元仍然是全球储备货币的首选。非美元货币的债券发行者往往需要给投资者更高的收益，用来弥补投资者所承担的潜在货币风险。

总而言之，多数投资者应当把债券纳入投资组合中，尤其是那些保守的和风险偏好适中的投资者。债券可以在一定时间内给投资者固定的回报。3年至10年期限的债券产品，除了在那些出现倒挂的收益率曲线的时期，一般会给出比定期存款更好的收益。与后面章节里介绍的股票类资产相比，债券的价格往往不会有大幅度的波动，在投资组合中呈现的估值也较为稳定。

关于债券,最后一点值得注意的地方是,从20世纪80年代初期到2019年,整个债券市场经历了非同寻常的长期牛市,这是因为80年代市场利率处于高位,到本书写作时一直在下降。自2008年以来,全球债券发行总量迅速增加了40%,其中新兴市场发行的债券占所有新发行债券的三分之一以上。诚然,这些发展符合全球化趋势,也表现出全球经济新领域投资的机会众多,但同时新的风险正在形成。的确有许多信誉良好的企业和负责任的政府在市场上发行债券,但也有不少新兴市场的债券主要依靠商品出口收入和房地产生意来向银行借款,用于偿还债务和券面利息,在这种状况下风险就大大增加了。

在目前的债券市场中,还有另有一种现象发生——相对安全的、信用评级较高的债券的价值被严重扭曲。投资者对高信用评级债券的追捧行为,将债券的收益水平不断压低,甚至到了低于股息收益的水平。同时,伴随着各国中央银行,特别是欧洲国家的中央银行施行的宽松货币政策及债务重组的举措,导致近40%未偿付的投资级债券接近负收益率水平。日本中央银行在过去几十年实行的货币政策，让现代金融界已经认可并接受了缩写为"ZIRP"（Zero Interest Rate Policy）（零利率政策）的这个新词，欧洲市场的现状仍然被人讽刺性地贴上了"NIRP"（Negative Interest Rate Policy）（负利率政策）的标签。这种现象几乎前所未有，且不可持续。当债券市场中的部分债券的收益率为负值时，投资者应当有充足的理由避免进行债券投资，等到投资环境回归正常后再行入市。

延伸阅读

迈克尔·米尔肯与"垃圾债券"

许多分析学家认为20世纪70年代和80年代是美国"垃圾债券"市场的标志性时期。当时市场中的公司兼并及收购行为十分活跃，且其中大多数属于杠杆收购（Leveraged Buyout，LBO）。杠杆收购通常是指公司管理人员利用收购公司的现金流和资产作为抵押品来发行债券，以此来筹措收购公司股份的资金。

"垃圾债券"的支持者们认为，此类债券给整个金融行业带来了新的生命，释放了之前闲置的资本并有助于公司的成长和扩张。"垃圾债券"给投资者的资金带来了更高的风险，这一点毋庸置疑。但"垃圾债券"的批评者们认为，这类产品风险太高，对绝大多数投资者来说并不适合，然而支持者们却认为，高风险、有潜力将产生更高的溢价。

　　在"垃圾债券"投资方面，很难有人能超越迈克尔·米尔肯。米尔肯出生于20世纪60年代美国南加州的一个中产阶级犹太家庭，他毕业于著名的加州大学伯克利分校，以及同样赫赫有名的费城宾夕法尼亚大学的沃顿商学院。在他早期的职业生涯中，米尔肯的薪水并不高，只是银行里一个普通研究专员。然而，凭借着勤奋工作和敏锐的才智，他迅速成长为金融公司德崇证券（Drexel Burnham Lambert）的高级经理。在80年代，米尔肯被称为"垃圾债券之王"，他跟他的伙伴们一起取得了卓越的成就，直到1989年，米尔肯违反美国证券交易法的行为东窗事发，使得他最终在狱中服刑了22个月。尽管米尔肯有多项违反美国证券交易法的定罪，他表达了自己的忏悔之情,并且在几年后向慈善事业捐赠过数百万美元来恢复自己的名誉,但他的创造能力和专业素养仍然在金融界受到推崇。出狱后,米尔肯调整了生活的重心,将自己剩余的财富主要用于资助癌症的研究,以及其他一些慈善活动。

金 句

1. 投资债券的好处在于，明智的投资者可能会获得比定期存款高出不少的利息收益。

2. 关于债券的利率和收益率，人们经常会对它们有一个普遍的误解，那就是债务偿还期越长，伴随的收益率就越高。

3. 即使我们只投资债券市场中的"投资级"产品，我们也应当关注一下其债券违约的概率有多大。

4. 对于今天的私人投资者来说，只要你严格局限在"投资级"范围来投资债券，资产安全的概率仍然比你在北美任何主要城市夜间行走的安全概率要高一些。

5. 如果你被迫出售债券以换取流动资金，你可能会面临债券投资贬值的风险。

6. 当债券市场中的部分债券收益率为负值时，投资者们应当有充足的理由避免进行债券投资，等到投资环境回归正常后再行入市。

》思 考

1. 什么是倒挂的收益率曲线?
2. 正常的收益率曲线是什么样的?
3. 信用评级机构在投资领域所起的主要作用是什么?
4. 什么是"垃圾债券"?
5. 从历史经验上看,一个信用评级为BBB的债券通常发生违约的概率有多大?

PART ONE

第三章
理解股票市场

仁慈是一种聋人听得到、盲人看得见的语言。

——马克·吐温

（19世纪美国著名作家）

你知道吗？

传说股票市场是1409年在勃艮第北部（即现在的比利时）冯·德·布尔斯家族名下的一幢房子内首创的。商人们在这幢房子里集会，交易各种债务凭证。随后周边的城市也开始出现类似的"布尔斯"（Beurze）交易集会。据说在英语和法语里通常用来形容"股票交易所"的单词bourse可能就起源于这个家族姓氏"布尔斯"（Beurze）。

第三章 理解股票市场

若想获得超额的投资回报,你必须在投资组合里加入一部分股票。简单地说,购买某一公司的股票和持有该公司一部分所有权是一样的。你持有的公司股票数量与公司总股本所形成的比例,代表着你拥有一个公司所有权的比例。假如公司倒闭,公司需要先履行债权,公司股东排在所有债权人之后,这意味着股东的损失是最大的。然而,当公司飞速发展、业绩卓越时,与只能获得固定收益的债券持有者相比,股东可以获得最大的收益。

如果你投资股票类产品,务必考虑以下几个方面的因素:

一、股票的投资周期

投资股票时一定要掌握好投资周期。

如果你没有一个长达几年的投资周期,那你应该审慎地考虑是否进行股票投资。一般来讲,股票市场恰当的投资周期应当是3～5年。如果只是一年的短期投资,股票市场有可能表现不佳(收益率甚至有可能低于债券或定期存款)。但是,在3～5年的周期范围内,选择股票投资往往会产生高于债券与定期存款的收益。

二、股票分类的多样化

按照资产种类的不同,可以对股票进行不同的划分。

最普遍的划分方式是根据公司所属的行业来进行划分。以下是一些比较常见的行业类别。

◆ **可选消费品**:提供非必需品与服务的行业,如汽车、高端服饰、餐饮、奢侈品等。

- ◆ **必选消费品**：这类产品所属的行业往往是非周期性的，无论经济好坏，都会有固定的需求量；无论价格如何波动，人们对此类产品的需求相对稳定，如日常用品、香烟等行业。

- ◆ **公共设施**：提供公用设施与服务的行业。此类行业中的公司以国有企业居多，但也有部分私有企业，如提供电力、天然气、自来水、污水处理、电信服务的公司等。

- ◆ **科技**：负责研究、开发、销售科技类产品与服务的行业。

- ◆ **物联网**：为各类实物或"物体"植入电子元件、软件、传感器等设备，组成网络系统，使得各类数据能够互相传输共享的行业。

- ◆ **医疗**：负责医药与健康产品生产和提供相关服务的行业。

- ◆ **银行、金融、保险**：提供一系列金融相关产品和服务的行业。

- ◆ **自然资源**：与石油、煤炭、天然气、水资源和矿业（如铜、铝、金、银）相关的一系列行业。

股票还可以根据其所属企业的类型来划分，例如：

◆ 大型股票（或大盘股）：市场资本超过一百亿美元的大型企业股票。

◆ 中小型股票：市场资本低于一百亿美元的中小型企业股票。

◆ 成长型股票：处于成长阶段的上市公司的股票，对投资者的吸引力更多地体现在股价增值（而非红利给付）上，通常与"成长型投资"这个概念相通。

◆ 价值型股票：该类股票通常市值低于账面价值，给付红利较高，具有较低的市盈率和市净率。

◆ 高股息率股票：该类股票的股息收益超过市场平均收益的标准（如美国十年国债的利率）。

除此之外，股票也可以根据地理位置或者国家来划分。目前，全球有60个主要的股市指数，总市值约50万亿美元。假如按照资本量来对全球的股市进行分级，北美股市位居第一，约占全球股票总市值的40%；紧接着是亚洲股市，约占全球股票总市值的33%，其中日本和中国是亚洲最大的市场；其后是欧洲股市，约占全球股票总市值的19%。北美股市之所以一直处于主导地位，应部分归因于它强有力的企业治理标准、股票选择的多样化、庞大的日交易额以及较好的流动性等因素。投资者们在决定是否要把大量的资金投入北美股市、自己国家股市或其他国家股市前，需要衡量自己的资金情况、风险容忍度和对投资组合多样化的需求程度。这些我会在第八章做进一步的分析。

三、股票价格的波动性

如果你无法接受短期的价格波动，我不建议你炒股。请记住：在投资股票时，你需要一个较长的投资周期。

要尽量避免成为一个追涨杀跌的"择时交易投资者"。你通常很难完美地预测到市场最低点，同样的，你也很难预测到市场最高点。

当股市经历较大波动时，耐心和冷静是必要的素质要求。回顾股票市场的历史发展规律，我们可以有效避免恐慌心理。1929年以来,美国标准普尔500指数①遭遇过11次空头市场,即熊市。美股熊市的持续时间短至3个月(1990年),而最长则是在第二次世界大战结束之后,持续了3年左右(1946—1949年)。尽管人们感觉几乎所有的熊市都会持续数年,但其平均长度仅为16个月。而我们需要注意的是,熊市之后往往会产生较强的反弹。上述所有的11次熊市在经历最低值后的一年左右,股指反弹都超过了25%。实际上,其中一半的反弹幅度甚至超过了40%。上述11个熊市之后的5年恢复期内,市场回报率上升幅度从80%至200%不等。

股市价格反弹的历史规律,同样突出证明了:在进行股票投资时,把控合理周期和保持耐心、冷静非常重要。除了这次自2008年年末以来长时间的牛市,美国自从1929年大萧条时期后,有过11次的牛市。根据这11次牛市的上涨周期,我们计算出它们的平均持续时间为58个月(将近5年),而且这期间

---

① 标准普尔500指数:是记录美国500家上市公司的一个股票指数,由标准普尔公司创建并维护。标准普尔500指数覆盖的所有公司,都是在美国主要交易所交易的上市公司。

的累积收益率平均高达167%。而近些年的例子也许更加具有代表性。近些年的这次牛市从2008年金融危机后开始，截至2017年年初，此次牛市总共持续时间超过90个月，其间的总收益率超过了200%。

当股市价格波动剧烈，股票指数看起来无法平稳上升时，投资者会试图离开股票市场。然而，历史证明，即使在经历市场系统性修正后，那些持续在股票市场投资的投资者，也将获得更好的收益。想想看，自从纽约股票交易市场在1790年开市以来，即便发生过多次熊市，市场都会恢复并产生新高。在我们投资的道路上，遇到颠簸在所难免！但是，在市场波动期内能保持乐观是非常重要的，历史总是不断地向我们证明这一点。

延伸阅读

中国股票市场：全球意义的增长

中国政府在过去几年大力推行自由化和开放金融市场的各项举措，在此过程中有两个事件最为突出。

第一个事件就是国际货币基金组织（International Monetary Fund, IMF）在2016年年初宣布，人民币被纳入特别提款权（Special Drawing Right, SDR）的五种货币之一。在此之前，只有四种货币享有特别提款权（SDR），它们是美元、欧元、英镑和日元。人民币成为特别提款权货币，这就意味着它将拥有特殊的资金池来允许更自由的兑换。如今全球约有三分之二的贸易以美元计价。虽然中国是世界第一大出口经济体、世界第二大进口经济体，但使用人民币计价的贸易额仅占全球贸易总额的15%。而现在人民币享有特别提款权（SDR），预示着有越来越多的国家会将其部分外汇储备以人民币计价，同时，以人民币计价的国际贸易份额也将增加。人民币流动性的增加将会进一步加强人民币币值的稳定性。

第二个事件发生在2018年5月，中国A股被纳入摩根士丹利新兴市场综合指数。摩根士丹利新兴市场综合指数是一个被全球基金经理和股票分析师广泛使用的基准。近些年，中国企业不断扩展其国内外业务，能否在全球获得资本以支持业务扩张就显得至关重要。目前,人民币的可兑换性日益增强,有利于国外投资者更加自由地向中国企业投资。

中国的股市被纳入摩根士丹利国际新兴市场综合指数,使得境外投资者可以投资业绩良好的中国上市公司,是中国股票市场全球化的一个里程碑。

金 句

1. 若想获得超额的投资回报,你必须在投资组合里加入一部分股票。

2. 如果你没有一个长达几年的投资周期,那你应该审慎地考虑是否进行股票投资。

3. 要尽量避免成为一个追涨杀跌的"择时交易投资者"。你通常很难完美地预测到市场最低点,同样的,你也很难预测到市场最高点。

4. 尽管人们感觉几乎所有的熊市都会持续数年,但其平均长度仅为16个月。

5. 股市价格反弹的历史规律,同样突出证明了:在进行股票投资时,把控合理周期和保持耐心、冷静非常重要。

6. 自从纽约股票交易市场在1790年开市以来,即便发生过多次熊市,市场都会恢复并产生新高。在我们投资的道路上,遇到颠簸在所难免!但是,在市场波动期内能保持乐观是非常重要的。

思 考

1. 在全球股票市场中，为什么北美股市一直占据主导地位？

2. 投资股票时，为什么不能"追涨杀跌"？

3. 自从1929年大萧条时期后，美国股市经历了怎样的波动性？熊市和牛市哪个持续的时间更长？

4. 在投资股市时，投资者应该抱有什么样的心态？

PART ONE

第四章
了解共同基金

建立共同基金的目的是为了简化投资,让投资者不用为了选择股票而烦恼。

——斯科特·库克

(财捷集团创始人之一)

你知道吗？

　　1770年，荷兰商人阿德里安·范·克维奇（Adriaan Van Ketwich）创办了第一个历史上有记载的共同基金。当时英国与荷兰正进行激烈的竞争，以维持各自的殖民帝国统治权。克维奇组建了一个约有2000个单位的信托投资机构，并将投资者的资金汇集到一个类似于"封闭式基金"的实体中，其中的股份只能从现有的股东手里购买。这只基金虽然只存活到1824年，但这种新的模式推动了整个基金行业的发展。

第四章 了解共同基金

在前三章里,我们谈到了货币、债券和股票三种基本投资产品,那么,如何参与其中呢?我认为,通过购买共同基金就是一种很好的参与方式。共同基金既可以看成是参与资本市场投资的工具和途径,也可以看成是一种金融产品。通常来讲,基金有专业的基金管理人,可以避免个人投资单一产品的非系统性风险,此外还有降低投资成本等优点,很值得了解和关注。

一、共同基金

据相关数据估计,在美国注册过的共同基金超过9500个,而在全球范围内注册的共同基金,数量则是它的几倍。共同基金的存在可追溯到18世纪下半叶的荷兰。100多年前,开放式共同基金在美国的引领下开始活跃,逐渐成为主流投资工具。美国道富银行和惠灵顿基金等大名鼎鼎的公司,从20世纪初就开始向投资者发行基金了。如今,整个共同基金行业的管理资产的总额估计约为17万亿美元。

共同基金主要包括以下几类:

1. 货币市场基金

货币市场基金是典型的定期存款基金。它们有利于短期现金的投放,其收益率一般与定期存款相似。货币市场基金最大的优点是流动性高,投资于该基金中的资金通常可以在48小时内赎回。假设你要买一只股票或债券,通常结算日需要"交易日+2天",如果你急需现金,那么你可以直接将货币市场基金赎回。货币市场基金与定期存款相比的另一个优点是,未到期取款行为不会导致利息损失或罚款。

在投资货币市场基金时要注意一点:与定期存款不同的是,货币市场基金往往不受联邦存款保险公司或地方存款保险的保护。此外，在特定情况下货币市场基金回报率会低于定期存款的回报率。一般来说，当利率下降时，货币市场基金的回报率会大于定期存款；反之，在利率上升时，货币市场基金的回报率会小于定期存款。

2. 债券型基金（固定收益基金）

债券型基金通常会根据债券发行人和（或）债券的期限来投资一系列的债券产品。在风险等级上，债券型基金的投资风险会高于货币市场基金。投资债券型基金（而不是直接购买债券）的一个主要优点是多样化。在债券型基金里投资35～40个不同债券的行为并不罕见。这样一来，投资者的收益就不会只受某个债券的影响。即使债券资产中出现某个或某几个债券违约，基金的业绩只会受到部分影响。此外，债券型基金还允许较小的投资额参与投资。在财富管理领域，债券通常是以20万到25万美元的最低额来买入或卖出的。金额过少的债券投资会被认为是"零散交易"行为，不太可能得到好的买入价和卖出价。但是，债券型基金里可以有1万美元的最低购买额。目前债券型基金约占共同基金市场总份额的20%。

3. 股票型基金

股票型基金主要投资于股票市场。不过，不管人们的风险偏好有多么不同，总能找到对胃口的股票型基金。基金选择一般有两种方式：一种是自上而下的模式，也就是根据国家或地理位置来选择基金；另一种是自下而上的模式，也就是根据某个行业类别、公司规模和股票分红等方面来选择基金。目前股票型基金规模约占共同基金市场总份额的40%以上。

4. 多资产或平衡型基金

多资产或平衡型基金通常是由债券和股票组成的混合体。这类基金的优点在于它允许投资者同时参与到债券市场和股票市场里。如果有专业的基金经理管理，这类基金不仅可以通过股票产生超额的收益，还可以通过债券部分的投资起到稳定价格和现金流的作用，可以说是一箭双雕。

5. 指数基金

指数基金近年来越来越受欢迎。指数基金不需要投资者自主挑选股票,而是通过投资指数(如标准普尔500指数或罗素2000指数)内的所有股票来复制整体市场的表现。指数基金比较适合于"买入并持有"的投资风格。从成本角度来看,指数基金属于最实惠的基金类型之一,它收取的费用也比主动式管理基金①低很多。所以在过去几年,投资者参与指数基金投资的数量快速增长。虽然指数基金只占共同基金市场的15%,可是指数基金在过去十多年的收益表现优于80%的主动式管理基金。在经历过9年的牛市之后,股市收益率在2018年开始放缓。因此,指数基金代表的"被动式投资模式"是否能够持续优于主动式管理模式,仍有待观察。

6. 特殊类型基金

特殊类型基金是指那些可以让投资者参与特定

---

① 主动式管理基金:也叫进取型基金,是指基于信息优势并独立判断进行投资的基金。其投资方式比较积极主动,与被动式管理(指数化管理)基金相反。

细分市场的基金。其中一些优秀的代表包括：房地产基金、商品或自然资源基金、外汇交易基金、葡萄酒基金、杠杆收购基金和市场波动型基金。

7. 基金中的基金

基金中的基金，又称母基金，此类基金希望能给投资者提供"最佳组合"。多数对冲基金属于基金中的基金。一般来说，投资基金中的基金需要更高的购买成本，但是它们往往能够获得比传统的共同基金更高的回报率。

在了解了基金的主要类别和定义后，下面的八个问题也许可以帮助你选择适合自己投资的基金类型。

1. 基金的发行人是谁？

你可以很容易地咨询或查到基金管理团队和其业绩的信息。应避免投资没有历史业绩的基金。同时，要主动收集与基金管理团队相关的信息，如：基金管理团队和他们的机构在行业内的服务年限；基金管理团队是否跟投自己的基金，即他们是否一起参与到基金当中,如果他们有投资,这通常是一个积极信号。

2. 基金发起人的注册地在哪里?有没有从当地的金融监管局取得牌照和资质?

基金管理团队在被询问这类问题时,应该公开披露相关信息。如果没有明确的回答,投资者就需要提高警惕了!

3. 基金的资产是如何进行分配的?最大单一资产是什么?

一般来说,大多数基金针对某个单一资产的投资比例最高不会超过基金组合总额的5%~8%。假设对某个单一资产的投资比例超过这一上限,投资者就应当警惕,因为这意味着基金存在显著的"集中性风险"。不过市场上的确有这类基金存在,例如,几年前骏利基金(JANUS Fund Group)为了获取最大化收益,采用激进的资产集中的投资策略,造成风险过度集中,导致自己最后声名狼藉。

4. 基金的规模有多大?

对于大多数的财富管理银行来说,他们所发行的基金通常以2000万~3000万美元为启动资金,以确保基金成立所需的资金量。而对于资产管理规模特别小的基金,投资者就需要格外警惕了,除非其管理团队有着非常可信的历史业绩。另外,当资产管理规模太大时,它也很可能是一条"红鲱鱼"[①],表面看似诱人,但其实不一定合适,这一现象在对冲基金领域非常典型。因为当资产管理规模太大时,基金经理很难实现原有的投资策略。

5. 基金的定价策略是什么样的?

通常,投资者投资共同基金时要支付"申购费/认购费"。在传统上,此类佣金是购买时预先支付的,然而有些基金会免除"申购费/认购费",而只在后期收取"赎回费"。"赎回费"是根据资金停留在基金里的时间来计算的。此外,基金通常还收取基金"管理费"。此类信息一般会在基金的招募说

---

① 红鲱鱼:是指用来将人的注意力从真相上转移走的信息。

明书中公布，其中的业绩回报显示的收益，通常都是扣除"管理费"后的实际收益。

整体而言，股票型基金的管理成本要高于债券型基金或货币市场基金。股票型基金的管理费一般是每年基金净值的1.25%左右，而债券型基金的管理费一般低于这个标准，大约是每年基金净值的0.8%左右。也就是说，它们会在收取1%～2%管理费的基础上，再从高于基准的回报业绩中抽取20%的绩效提升费。不过近些年来，不少媒体和分析家对这种定价模式持批评态度，特别是最近几年，对冲基金的业绩一直表现平平，其定价模式显得尤为不合理。毕竟，只有一直提供优异业绩回报的基金，才配得上我们给予它们的绩效奖金。

6. 基金的"水位线"水平如何？

"水位线"一般是指某一基金的净资产价值水平，尤其是指该基金在某一个回报不佳年份时的净资产价值水平，假如上一年出现负收益，基金的净资产价值就会下降，于是取得"绩效奖金"相对更加容易。所以，那些收取"绩效奖金"的基金,假如上一年出现了负收益,应该乐于提供基金过去多年的净资产价值数据。这样能帮助基金管理团队确认"水位线"标准,然后再根据高出"水位线"的业绩计算"绩效奖金"。

7. 投资者的银行是否愿意给基金提供质押价值?

投资者在现金流紧张时会需要借贷,这种情况十分常见。因此,在做出最终投资决策前,投资者理所应当地需要了解某一基金是否具有质押价值。如果一家银行不愿意将某一基金作为质押物而向投资者提供质押贷款,这通常意味着该基金的风险水平高于其他普通的基金。在这种情况下,投资者应当谨慎行事。

8. 衡量基金业绩的最佳标准是什么?

在没有确认某一基金的风险定位是否符合你的个人偏好之前,不要轻易投资。有些基金的风险类别会明显高于其他基金。基金管理团队一般会在招募说明书里明确写出自己的"业绩基准",并且提供本基金的历史收益数据,与"业绩基准"的收益水平进行比较。假如某一基金很少超过"业绩基准"的正回报,这对投资者来说是个危险信号。反之,有时一只基金的亏损很少超过基准水平,这对投资者来说可能是个积极的信号,表明该基金非常关注市场下行风险。

二、全球指数和交易所交易基金

现在你已经了解了投资领域的主要资产类别,包括现金与货币市场产品、债券与固定收益产品、股票和共同基金等投资产品。然后,你就可以进入新的层面,了解金融机构是如何将这些产品包装成诸如交易所交易基金(Exchange Traded Fund,ETF)或指数联结型基金产品的。随着金融市场的不断发展,投资者了解其中的奥秘是非常有必要的。

1. 全球指数

让我们先从主要的证券市场指数开始。

指数通常由一组股票组成，能代表某一国家或某一地区的市场状况。它们依据其所代表的范围、行业而有所不同。例如，罗素3000指数①是一个涵盖范围非常广泛的股票指数，它比标准普尔500指数涵盖的股票数量更多；还有一些指数涵盖范围非常狭窄，只代表某个特定的领域，如摩根士丹利资本国际日本指数或者纳斯达克生物科技产业指数等。指数的构建通常是由指数提供者决定的，而且其构建方法也是多种多样的。

指数有什么用呢？下面是其三个常见的用途：

（1）指数可以作为衡量市场健康和未来发展的"晴雨表"。例如，标准普尔500指数、富时100指数和香港恒生指数常常被分别用于描述美国、英国、中国香港股票市场的表现。

（2）投资或者资产管理人员可以使用指数作为业绩基准，帮助评价基金经理的业绩表现。基金经

---

① 罗素3000指数：罗素指数是由富时罗素（Frank Russell）公司创立的市场资本总额加权平均数，为小企业股价表现最佳的衡量工具之一。其中，罗素3000指数（Russell 3000 Index）包含了美国3000家最大市值的公司股票，占美国公共股票市场的约98%。

理也会以投资风格相近的指数为基准,力争有超过基准的年度业绩表现。

(3) 指数同样可以用来建立某种特定的基金,此类基金专门跟随某种指数投资。很多共同基金和交易所交易基金都属于这一类基金。基金经理会尽力为投资者实现接近该指数的回报。

在金融市场上,指数的使用和更新换代推动了全球指数供应商的发展,它们通常被交易所交易基金用来作为基准。

2. 交易所交易基金

交易所交易基金是大约25年前进入金融领域的一类投资形式。在20世纪90年代,新型的基金快速发展,目的是为普通投资者提供成本更低的基金产品。

交易所交易基金是在股票等交易市场中上市交易的开放式基金。交易所交易基金让投资者能广泛接触到不同国家、不同新兴市场、不同行业和风格,以及固定收益和大宗商品的资本市场。近年来,市场普遍认为交易所交易基金比传统基金更透明，基金经理会每天向市场提供交易所交易基金的交易信息。交易所交易基金也仅收取最低的费用比例，优于很多其他投资产品。

交易所交易基金包括以下几个主要类型：

（1）股票类，包括：全球资本规模（大、中、小），行业，主板市场，新兴市场，国家，反向或杠杆，风格（如活跃型、分红型、基础型、专题型、价值型、增长型等）。

（2）固定收益类，包括：政府债券、企业债券、信用债券、通货膨胀相关债券、高回报类债券、住房抵押贷款担保债券、新兴市场相关债券。

（3）货币类，包括：发达国家货币、新兴市场货币、反向/杠杆、战略型（进位、动量）。

（4）现金类，包括：欧元隔夜指数、英镑隔夜指数、联邦基金。

（5）另类，包括：对冲基金、碳排放、波动。

（6）大宗商品交易类，包括：宽基指数（标准普尔指数、高盛商品指数、道琼斯－瑞银商品指数、罗杰斯世界商品指数、路透商品研究局指数),窄基指数(能源、牲畜、贵金属、工业金属、农业),个别商品,现货(金、银、铂、钯),期货,远期,反向/杠杆。

交易所交易基金通常结合了股票和指数基金两方面的功能和特点。同股票一样,交易所交易基金可以在证券交易市场买进或卖出,通过大多数经纪人和交易平台都能进行买卖;同指数基金一样,交易所交易基金包含"一篮子"特定股票,跟踪某些特定指数。交易所交易基金中,有的指数指向狭窄,只跟踪某个单一市场门类,仅持有十几只股票;有的指数指向宽泛,可能包括整个市场,持有几千只股票。

3. 股票、传统共同基金和交易所交易基金的比较

下面将股票、传统共同基金和交易所交易基金进行比较,分别从多样性、定价、流动性、透明度、费用、能否做空、能否限价购买等方面进行比较,如表4-1所示。

表4-1 股票、传统共同基金和交易所交易基金的比较

项目	股票	传统共同基金	交易所交易基金
多样性	低	不同基金有差异	高
定价	持续变化	市场收盘后定价	持续变化
流动性	不同股票有差异	有限	高
透明度	不同股票有差异	低	高
费用	不同股票有差异	不同基金有差异	更低
能否做空	可以	不可以	可以
能否限价购买	可以	不可以	可以

在过去的十多年里，交易所交易基金得到了飞速发展。交易所交易基金全球的投资总额从2000年的750亿美元增长到2018年的4.7万亿美元。截至2016年，277个发行商在64个国际交易市场提供了超过6000只交易所交易基金产品。在交易所交易基金的投资总额中，以股票为主的交易所交易基金约占75%，以固定收益为主的交易所交易基金约占15%，以大宗商品及另类投资形式为主的交易所交易基金约占5%，其他占5%。

在全球交易所交易基金市场上，有三家大机构占据了交易所交易基金总管理规模的80%以上，它们

"亲爱的,你来看香港股市,我来看英国的,等纽约股市开户后,咱们的猫就会醒来。"

在今天的数字时代,股票交易几乎昼夜不停。

是安硕（I-shares）、先锋（Vanguard）和道富（State Street Global Advisors）。安硕隶属于美国贝莱德集团，总部位于美国新泽西州。它是全球最大的交易所交易基金发行商，占美国交易所交易基金发行份额的40%左右，把其他公司远远抛在了后面。在交易所交易基金发行商排名中，前十位的主要发行商发行的交易所交易基金占市场总额的85%以上。表4-2列举了全球前十大交易所交易基金发行商及其发行的具有代表性的交易所交易基金。

表4-2 全球前十大交易所交易基金发行商

排名	公司	资产规模/亿美元	公司发行的具有代表性的交易所交易基金（基金市场代码）
1	贝莱德集团（BlackRock, Inc.）	1.33万	① iShares Core S&P 500 ETF (NYSEArca: IVV) ② iShares MSCI EAFE ETF (NYSEArca: EFA) ③ iShares Core US Aggregate Bond ETF (NYSEArca: AGG)
2	先锋集团（The Vanguard Group）	8576.6	① Vanguard Total Stock Market ETF (NYSEArca: VTI) ② Vanguard S&P 500 ETF (NYSEArca: VOO) ③ Vanguard FTSE Developed Markets ETF (NYSEArca: VEA)

续表

排名	公司	资产规模/亿美元	公司发行的具有代表性的交易所交易基金（基金市场代码）
3	道富基金管理公司（SSGA Funds Management, Inc.）	5236.9	① SPDR S&P 500 ETF (NYSEArca: SPY) ② Financial Select Sector SPDR ETF (NYSEArca: XLF) ③ SPDR Dow Jones Industrial Average ETF (NYSEArca: DIA)
4	英维斯科资产管理有限责任公司（Invesco PowerShares Capital Management LLC）	1708.5	① Invesco QQQ Trust (NasdaqGM: QQQ) ② Invesco S&P 500 Equal Weight ETF (NYSEArca: RSP) ③ Invesco S&P 500 Low Volatility ETF (NYSEArca: SPLV)
5	嘉信投资管理公司（Charles Schwab Investment Management）	1138.6	① Schwab International Equity ETF (NYSEArca: SCHF) ② Schwab US Large-Cap ETF (NYSEArca: SCHX) ③ Schwab US Broad Market ETF (NYSEArca: SCHB)
6	第一信托顾问公司（First Trust Advisors L.P.）	621.4	① First Trust Dow Jones Internet ETF (NYSEArca: FDN) ② First Trust Value Line Dividend ETF (NYSEArca: FVD) ③ First Trust Enhanced Short Maturity ETF (NasdaqGM: FTSM)

续表

排名	公司	资产规模/亿美元	公司发行的具有代表性的交易所交易基金（基金市场代码）
7	智慧树投资公司（Wisdom Tree Investments）	362.6	① WisdomTree Japan Hedged Equity ETF (NYSEArca: DXJ) ② WisdomTree Europe Hedged Equity ETF (NYSEArca: HEDJ) ③ WisdomTree US MidCap Dividend ETF (NYSEArca: DON)
8	凡埃克资产管理公司（Van Eck Associates Corp）	335.3	① VanEck Vectors Gold Miners ETF (NYSEArca: GDX) ② VanEck Vectors JP Morgan EM LC Bd ETF (NYSEArca: EMLC) ③ VanEck Vectors Junior Gold Miners ETF (NYSEArca: GDXJ)
9	世界黄金信托服务有限责任公司（World Gold Trust Services, LLC）	308.1	SPDR Gold Shares (NYSEArca: GLD)
10	ProShare顾问有限责任公司（ProShares Advisors, LLC）	275.9	① ProShares S&P 500 Dividend Aristocrats (BATS: NOBL) ② ProSharesUltraPro QQQ (NasdaqGM: TQQQ) ③ ProShares Ultra S&P500 (NYSEArca: SSO)

（资料来源：www.etftrends.com，2018年12月20日）

第四章 了解共同基金

延伸阅读

中国交易所交易基金的光明前景

自20世纪70年代以来,交易所交易基金被视为一个增长显著的金融工具,其使用范围也日益全球化,如今,世界的金融环境已变得更加开放,而今天通过电汇实现货币支付的速度几乎跟声音的速度一样快。

截至2020年8月1日,大约有近50种中国交易所交易基金在全球主要交易市场进行交易。中国交易所交易基金的资产管理总额目前位居亚洲第二位,略低于400亿美元。

投资交易所交易基金是一个全球性的趋势,投资这类基金的策略与投资主动式管理基金的策略针锋相对,并一直是辩论的热点话题。英国《金融时报》(*Financial Times*)2018年的一项研究指出:在过去十年中,统计数据证明被动式的全球投资(以投资交易所交易基金为代表)所产生的收益,已超过80%的主动式管理基金的回报率。尽管交易所交易基金有不少骄人的战绩,但是它在全球基金投资规模中仍然占比不到15%。就中国股票投资而言，交易所交易基金对投资者的吸引力才刚刚起步，而北美大多数机构投资者（包括养老基金和大学捐赠基金）仍然偏爱主动式管理基金。不过这些基金往往有很高的投资门槛。但就其本身而言，我们可以肯定，随着全球投资界对中国市场越来越感兴趣，通过交易所交易基金，被动式地对中国市场进行投资，将会是最简单和最容易的介入方式。

第四章 了解共同基金

金 句

1. 与定期存款不同的是，货币市场基金往往不受联邦存款保险公司或地方存款保险的保护。

2. 指数基金近年来越来越受欢迎。指数基金不需要投资者自主挑选股票，而是通过投资指数（如标准普尔500指数或罗素2000指数）内的所有股票来复制整体市场的表现。

3. 一般来说，投资基金中的基金会需要更高的购买成本，但是它们往往能够获得比传统的共同基金更高的回报率。

4. 交易所交易基金通常结合了股票和指数基金两方面的功能和特点。同股票一样，交易所交易基金可以在证券交易市场买进或卖出，通过大多数经纪人和交易平台都能进行买卖；同指数基金一样，交易所交易基金包含"一篮子"特定股票，跟踪某些特定指数。

》思 考

1. 货币市场基金的回报率与定期存款的回报率通常是什么样的关系?

2. 为什么说多样化是投资债券型基金的一个主要优点?

3. 为何被动式交易基金现在越来越受投资者欢迎?

4. 什么是基金的"水位线"? 它的作用是什么?

5. 衡量基金业绩的最佳标准是什么?

6. 什么是交易所交易基金? 在过去的十多年里,它为何能够迅速发展?

PART ONE

第五章

掌握金融衍生产品和结构化产品

天下难事，必作于易；天下大事，必作于细。
千里之行，始于足下。

——老子

（中国古代哲学家、思想家，道家学派创始人）

你知道吗？

已知最早的金融期权可以追溯到公元前 2 世纪的希腊。当时种植绿橄榄的农民会在丰收旺季之前给榨油厂支付预付款，来确保他们以指定的价格使用榨油机的权力。如今，期权在外汇、股票、固定收益和其他金融领域已有广泛的应用。例如，芝加哥期权交易所（Chicago Board of Options Exchange, CBOE）成立于 1973 年，是一家标准化衍生产品交易机构。

第五章 掌握金融衍生产品和结构化产品

除了熟悉前几章讨论的四种主要资产类别之外,了解近年来在市场出现并迅速发展起来的新型金融产品也十分重要。此类产品和它们的专业术语看起来可能很复杂,但是,不必害怕!学会使用这些产品,你会获得更好的投资业绩。

一、什么是衍生产品

首先我们来解释一下金融行业里"衍生产品"这个词。衍生产品(Derivative Products)可以定义为两个或两个以上各方之间的合同,其价值基于约定的标的资产,如股票、债券、商品、利率、市场指数或货币。具体来说,此类合同通常与金融产品相关联，其中可以包括期货合同、远期合同、期权、掉期和认股权证。此类产品通常需要两方之间订立合同，其价值基于未来某个日期的商定价格。

某些类型的衍生产品，如商品衍生产品，可以降低投资风险，并且对于期权或合同持有人，这类衍生产品实际上几乎可以被视为"保险"。对于更激进的投资者，衍生产品可以让投资者从市场波动中获利。许多衍生产品是以"场外交易"的形式进行的，这意味着他们是通过面对面、电话或电子邮件等方式来进行谈判和协商的。此外，在世界各地进行衍生产品交易的国家级交易所超过30个。由在交易所交易的基础资产而衍生出来的交易所衍生产品合约可通过清算所进行违约担保。因此，交易所交易的衍生产品通常具有较高的流动性，并且在二级市场上更容易成交。

二、什么是结构化产品

在过去的二十多年，衍生产品的广泛使用催生了一种名为"结构化产品"的新产品。在许多情况下，为建立衍生产品头寸而需要承担的最低资金投入很高，可能在投资者的投资组合中占比过大，使得衍生产品头寸失去意义。例如，货币期权在市场上供投资者购买的面值通常为50万～100万美元，而投资者为了购买该期权产品需要支付的期权权利金一般是面值的2%或者更多。结构化产品的出现，使得投资者们能够以更少的投入，持有一部分衍生产品来对冲其总资产所面临的投资风险。

自20世纪90年代中期以来，把结构化产品纳入投资组合的做法越来越普遍，以期权为主的衍生产品开始为普通投资者所用。结构化产品本质上是打包的投资产品，其中嵌入了衍生产品，目的是在特定的投资期限内取得特定的投资收益。随着金融领域科技含量的提升，结构化产品的使用呈指数级增长。

三、什么是对冲基金

使用衍生产品技术管理共同基金，也催生了对冲基金的迅速扩张。对冲基金有时候被称为货币、固定收益和股票资产之外的第四大资产类别。对冲基金不同于传统意义上的共同基金。传统的共同基金通常会持有20～30种股票或债券的组合，当这些资产的价格上涨，基金本身的价值也会随之上涨，并实现投资回报。在对冲基金领域，即使债券或股票市场下跌，基金经理也可以采用衍生策略来实现收益。比如，他可能会采用"市场中性策略"，即使债券市场或股票市场下跌，投资者仍有盈利机会。举一个例子，一位基金经理认为某只特定股票的市场价格在来年可能会下跌，他可以针对这只股票买入一个看跌期权，或者卖出一个看涨期权。假如他的预测正确，或者说该股票期权的执行价格在期限届满时仍属于"价内"的话，那么该基金就会获利。对冲基金经理以能够提供与股票市场表现相关性很低的收益而感到自豪。

近年来，一些金融媒体常常谴责对冲基金行业和结构化产品，这主要是因为人们误解了使用结构化产品的初衷。毫无疑问，近年来的确出现了一些衍生产品过度使用的问题，但是这些情况大多只发生在少数的金融投机者的身上。绝大多数的财富管理者和私人银行家在使用结构化产品和对冲基金时，目的是为了控制风险，而不是增加客户的风险，他们发自内心地把投资者的利益放在第一位。

四、怎样利用结构化产品进行投资

首先，在需要的情况下，结构化产品可以降低市场长期敞口的风险。"长期敞口"这一术语是指长期持有某种金融资产。仅持有三种主要资产类别（现金存款、债券和股票）的问题在于，在市场剧烈波动的时期，投资组合的价值也会随之剧烈波动。

从20世纪90年代中期以来，期权已成为投资者日常投资的一部分。虽然一些金融业的记者或评论家们喜欢把期权描绘为"危险的、风险很大的产品"，但事实上发明期权的最初目的是为了帮助投资者减少风险。假如使用得当，它们恰恰能够做到降低价格波动幅度，减少投资回报的不确定性。

接下来我们讨论如何使用期权来改善你的财务状况。

"你是说他是结构化产品部门的新手吗?"

注:此图用双关语表达对投资者目前金融市场中结构化产品的看法。通常,此类产品中嵌入了衍生产品,好比是给投资产品注射了类固醇——可能产生巨大的回报,但必须留意潜在的风险。

1. 针对投资组合中的货币市场部分使用期权

外汇期权是活跃于全球货币市场的国际投资者经常使用的一种流行工具。举个例子,如果你是一个以美元为基准货币的投资者,你只能从美国的定期存款中获得很小的回报。按照目前的利率情况,你每年的存款回报率也许只有不到1%。

但是,如果你愿意承担风险,将存款中的一小部分兑换为另一种货币(如欧元、英镑、日元)或黄金,则可以投资一系列定期存款,实现每年高达5%或6%的存款回报率。

▲结构化产品案例1:双货币存款

过去二十年来,最受亚洲投资者欢迎的产品之一就是"双货币存款"(Dual Currency Deposit)。双货币存款是一种短期的、风险相对较低的产品,为了提升某一货币的定期存款回报率,把投资者的资金换成另一种货币,当然其中包含了一定的风险。在过去15年那些接近于零利率的市场环境中,这个产品尤其受到市场青睐。金融机构把这种产品称为双货币存款,在一些金融机构内里简称为"DCD"或"DCI"。

让我们来假设一下，目前你的投资机构给出的美元一个月的定期存款利率为年利率2%，而你有20万美元想存一个月。再假设最近几周，欧元兑美元的汇率从1.11下跌至目前的1.0715，而你认为欧元兑美元的汇率在短期内会稳定在1.07，你可以考虑把20万美元放入某个一个月期的双货币存款，以获得一个更高的定期存款利率，这样比目前2%的年利率高很多。

你和私人银行家通话之后，发现你能得到年利率在6%的30天定期存款，而不只是普通的2%年利率。如果你接受了一个汇率为1.0574的执行价——这意味着只要欧元兑美元汇率在一个月后保持在1.0574以上，那么你可以确保收回20万美元的本金，以及年利率为6%的回报。这时双货币存款就是在"价内"到期（或失效）。但假如欧元兑美元的汇率从今天的1.0715持续贬值，一个月后低于1.0574，比如1.0550或1.0375，那么你将以欧元的形式收回本金和利息，而且汇率是以1.0574的执行价来兑换的。在此种情况下，你将会处于"价外"状态，并对其他货币"行使"汇率期权。

第五章 掌握金融衍生产品和结构化产品

当你使用了双货币存款,如果在30天到期时欧元贬值特别严重,那么你在汇率上的损失将会抵消双货币存款的高利率带来的收益,利息差可能会被外汇损失完全抹去。然而,如果在一个月后欧元兑美元的汇率稳定在1.07或是仅仅略低,你在存款到期时可以完全收回美元的本金和更高利息。

双货币存款最吸引人的特点是灵活通用,它们可以以多种货币或贵金属(如金、银等)来组合,而且周期可以非常多样,短至几天,长至六个月,甚至更长。在亚洲,许多投资者喜欢使用的双货币存款组合有:美元—欧元、美元—日元、美元—黄金等;最常见的行使期限是两周到一个月。双货币存款也可以用欧元作为基准货币,组合成欧元—日元、欧元—英镑或者欧元—黄金。双货币存款产品也可以被私人银行家拆分出售,以较小的面额出售给投资者(通常最低投资金额为12.5万美元)。投资者以小面额买入双货币存款,相比直接买入看涨期权或卖出看跌期权要实惠得多。

金融机构之所以能够提供这些产品,是因为全球金融市场的充分流动性可以维持此类衍生产品市场。如果金融市场中的交易量很低或者市场几乎没有波动性，那么外汇看涨和看跌期权不太可能成为理想的投资产品。正是由于全球外汇的日常交易量和流动性都十分庞大，才形成了现在这种流动性很强的市场，这些衍生产品也就应运而生。外汇交易市场可能是世界上最大和流动性最强的市场。如果货币不能自由兑换或者流动性很低，外汇期权市场根本就不能存在，双货币存款这种结构化产品也不可能诞生。

在上述案例中，私人银行家很有可能会将20万美元的存款，与一个嵌入了（1.0574为执行价）看跌外汇期权的双货币存款产品结合在一起使用。当投资方出售一个看跌期权时，他将收到一个权利金，加到定期存款利息中作为收入，而这个权利金正好允许私人银行家利用双货币存款，将客户预期收益设定在较高的年利率6%的水平，而不是原来的年利率2%。如果到期价格低于投资方的1.0574执行价，相当于美元部分"出售"给了期权的购买者。这就是为什么投资方将会以替代货币（即欧元）的形式获得本金和利息。

请不要误会我的意思,投资双货币存款必然面临着一定的外汇风险。但是,假如你在产品和时机上选择得当,便可以有效地提高你投资组合里现金存款部分的收益。

下面我解释一下双货币存款的具体操作方式。

假定下面一个场景:为期一个月的银行存单或定期存款报价利率低于年利率1%,你对这种状况感到很不满意。

你同时也关注和跟踪了外汇交易市场一段时间,发现美元对其他货币大幅度升值,或者说黄金价位跌破270天的日均线。这种状况也许是投资一个月期限的双货币存款的良好时机。当然,前期需要你和你的私人银行家协商一个执行价。记住,如果到期价突破了执行价,你将会面临合约到期不得不接受其他货币或期货的局面。

假设你不介意把资产转换成黄金或其他货币(如欧元或日元)的风险。(顺便说一句,我有一位客户,因为经常从德国和日本进口机械设备,所以不担心他的资产会转换成这两个国家的任何一种货币。)如果你有国际投资,则可以要求你的私人银行家报价30天或60天双货币存款利率,并商定一个年利率,比如6%。

2. 针对投资组合内的债券、固定收益部分使用期权

从2000年到2010年,有一款涉及固定收益的产品广受欢迎,它被称为可赎回应付票据。

典型的可赎回应付票据可以定义为一个在预期的未来为投资者提供固定利息的产品。早期的可赎回应付票据在市场环境满足一定条件时,甚至能给客户提供约7%的年化利率。下面这个产品是我最喜欢的票据产品之一:

> *产品名:年保票据*
>
> *年化利率:7%*
>
> *可赎回时间:季度性(每3个月一次)*
>
> *条款与条件:美元3个月的伦敦同业拆借利率(London Interbank Offered Rate,LIBOR)必须维持在4%以上*

▲结构化产品案例2：可赎回应付票据

可赎回应付票据，是几年前在理财管理领域非常流行的产品。实际上，它是一个风险低且非常有价值的短期债券投资方式，非常受投资者的欢迎，银行也通过销售该产品获取了大笔收入。

可赎回应付票据在当时多是通过私人银行对外发行的，私人银行将诸如房利美和房地美这样的美国政府的代理机构发行的债券进行打包，而这些代理机构因为从美国各地的大量购房者手中获得了庞大的债权，所以希望以此进行债务融资。因为这种债务由美国政府的代理机构发放，暗示着它们由美国政府担保，也因此获得了信用评级机构AAA级的信用评价。而事实上，它们并没有美国政府的担保，所以并未达到真正的AAA级债券的评级水准。只不过是因为房利美、房地美与美国政府的关系，让投资者误以为投资十分安全。

当时，美元1个月和3个月的定期存款利率仅为4%左右。然而，可赎回应付票据主张的是另一种价值定位。它能提供约7%的年化利率，投资周期在1～2年。理所当然，投资者很乐意锁定这样的短期利息回报，其利率至少比普通的定期存款利率高出3%左右。仔细想想，每购买100万美元的票据，3%的利率差额意味着你每年可以多赚取3万美元。此外，当时的财富管理银行甚至愿意为可赎回应付票据产品提供80%的信用额度，进一步表明其是安全的投资产品。

在每一份债券的发行备忘录中，通常会标明类似以下的条件："如果出现美元3个月的伦敦同业拆借利率低于某一标准（假设为4%），此票据可以按季度赎回。"由于"9·11事件"，美国的短期利率一直很低，而且经常下跌，所以大部分票据在3~6个月后就会被赎回。发行备忘录中"赎回"一词，意味着发行人有权在特定的时间内，将投资者的本金和应付利息返还给投资者。然而，此类债券的发行者，更乐意以略低的利率重新发行新的票据，因为相对存款利息而言，可赎回应付票据仍存在高收益的空间。

可赎回应付票据并不像人们想象的那样是突然消失的，它们实际上是在2008年的次贷危机之后逐渐退出市场的，同一时间内短期利率和伦敦同业拆借利率都跌至前所未见的低点，直至发展为目前的"零利率"市场环境。另外，由于房利美和房地美的信用随着2008年次贷危机的爆发而备受质疑，所以现在投资者们在购买这种受到相关企业的债务影响的可赎回应付票据时，普遍采取了更为谨慎的态度。

3. 针对投资组合中的股权部分使用期权

由于股票本身有着较高的日常交易量，你的私人银行家可以根据你喜欢的股票提供相关的股票挂钩票据（Equity Linked Note，ELN）。假设你打算购买新加坡星展银行的股票，且半年来股价都稳定在10.3美元左右。你的私人银行家也许会建议你投资一个年利率为8%的90天股票挂钩票据，但前提条件是在这90天内星展银行的股票必须高于9.27美元。如果股票价格在90天到期时低于9.27美元，那么你必须以9.27美元的价格购买这个股票，否则你将无法收回你投入的本金。

如果你看好星展银行的发展，你可能认为8%的回报率是合理的。然而还有另外两种可能会让你选择不去投资这个股票挂钩票据：第一种可能是，股票行情看跌，你预测星展银行的股票会跌至8美元，那么你肯定不会去进行投资；第二种可能是，如果你觉得星展银行的股票上涨潜力非常强且有可能突破11美元或12美元，那么直接选择购买股票会比股票挂钩票据8%的收益更大。

▲结构化产品案例3：股票挂钩票据

股票挂钩票据是根据投资者对股票或股票群的预期价格变动而构建的投资产品。股票挂钩票据能给投资者带来超过短期存款利息的固定收益。而这种被承诺和放大了的固定收益，是通过将定期存款与衍生产品（以股票价格为标的的资产）进行组合而最终实现的。

例如，某投资者喜欢星展银行的股票，当时该股票在新加坡证券交易所的价格为10.3美元。该投资者通知新加坡当地的私人银行家，计划投资20万新加坡元。投资者进一步发现，各地的金融分析师一致认为该股价在未来几个月内将会呈现非常稳定的状态。

因此,该投资者开始和私人银行家探讨股票挂钩票据的投资机会。双方达成一个90天的股票挂钩票据投资协议,其协议声明:私人银行将以9.5%的固定收益回报给投资者,前提条件是股价在3个月后跌幅不能超过目前10.3美元价格的10%。与新加坡年均2%的定期存款利率相比,这个投资的回报率相当不错。这意味着该投资者可以通过投资股票挂钩票据,而非普通的定期存款来获得7.5%的利率差额。唯一需要注意的是,如果股票挂钩票据在90天到期后股价下跌超过10%,那么该投资者将被迫以9.27美元的行使价来购买股票,同时放弃收回3个月前的投资本金。

股票挂钩票据之所以受欢迎是因为它属于容易搭配的结构化产品,它只要求标的股票在市场上每日都具有充足的流动性,所以低交易量的股票不能用来构建股票挂钩票据。股票挂钩票据也可以进行面值价格拆分,比直接购买对应的衍生产品要求的资金更低。即便投资者有可能在该票据到期时不得不以高价被迫购买暴跌的股票,但长期持有这些股票,价值总是会增加的。

综上所述，在投资组合内采用结构化产品和衍生产品的策略，需要精准地选择定价和把握时机。如果你计划在投资组合中加入对冲基金，那么持有多个对冲基金为明智的选择。如果没有精心构思的战术，投资者就莽撞地涉足衍生产品和结构化产品市场，是极为危险的。这很容易导致财富的毁灭，而非财富的保值和增值。在前期，我建议你咨询有实力的理财顾问或金融中介，这应该是你打算在投资组合里加入衍生产品的第一步。

市场上有成千上万种图书介绍衍生产品及其操作策略，所以我们也不可能在这短短一个章节里涵盖所有衍生产品策略的方方面面。多年来，计算机技术和统计分析软件已应用于衍生产品在交易平台上的定价，包含了诸如B-S模型和风险价值模型之类的复杂电脑模块。我们不必记住这些理论就可以使用衍生产品，以实现自己的目的。关键是从广义上理解它们如何运作，才能实现财富增长，同时降低风险。

对于大多数投资者而言，选择使用结构化产品来对冲风险，要比直接投资衍生产品明智许多。虽然多数结构化产品的价格包含了发行人想要赚取的利润，但投资者应该意识到购买此类产品，换来的更多是保障，是安全感。通过咨询优秀的理财顾问和金融中介，购买这种产品是非常安全的。现在的投资者经常会使用衍生产品来对冲货币风险、对冲利率变动或保护自己持有的股票价值。话虽如此，在金融投资领域的从业者中，总有一些寻求"快钱"的投机分子，他们采用激进的衍生产品投资策略，并且常常使用杠杆，承担着极大风险。失败的衍生产品投资案例有如横尸遍野的巨大坟场，甚至还有一些构建良好的结构化产品，由于市场环境变化太大而早早夭折。所以，投资结构化产品要严格自律，并采用多样化投资策略，引入多种产品来分散风险。成功的投资和评估一个棒球手的命中概率一样，没有任何职业棒球手能百分之百地击中球。同样的，如果在选择结构化产品和投资对冲基金的时候多数是成功的，就意味着你是一个高明的投资者。

金 句

1. 结构化产品本质上是打包的投资产品，其中嵌入了衍生产品，目的是在特定的投资期限内取得特定的投资收益。

2. 双货币存款是一种短期的、风险相对较低的产品，为了提升某一货币的定期存款回报率，把投资者的资金换成另一种货币，当然其中包含了一定的风险。

3. 可赎回应付票据，是几年前在理财管理领域非常流行的产品。实际上，它是一个风险低且非常有价值的短期债券投资方式，非常受投资者的欢迎。

4. 股票挂钩票据是根据投资者对股票或股票群的预期价格变动而构建的投资产品。

5. 投资结构化产品要严格自律，并采用多样化投资策略，引入多种产品来分散风险。成功的投资和评估一个棒球手的命中概率一样，没有任何职业棒球手能百分之百地击中球。

》思 考

1. 什么是对冲基金?

2. 什么是双货币存款?

3. 什么是可赎回应付票据?

4. 什么是股票挂钩票据?

5. 投资时使用期权,可以让投资者获得哪方面的投资保障?

第二编

金融投资组合

PART TWO

第六章
明智投资的关键

许愿的时候要小心,要是一语成谶就糟糕了。

——H.W. 雅克布,《哈泼周报》(1902)

你知道吗？

标准普尔-道琼斯指数前不久发布的调查报告显示：过去10年中，约有2.5万个主动式管理的共同基金。假如除去管理费，这2.5万个共同基金中，超过86%的基金未能达到基准收益水平。该报告与投资者近年来的行为表现一致：越来越多的投资者放弃了主动式管理基金投资，转而投资指数跟踪型交易所交易基金。

第六章　明智投资的关键

多年来，我必须承认自己从身边杰出的工作伙伴们身上学到了很多宝贵的经验。在建立投资组合时，一个人的头脑中先要有一个投资框架，这一点值得我反复强调。我非常乐意与你们分享以下五个原则，它们可以帮助你建立起投资框架。如果你要进行投资，必须要对以下五个原则有非常清晰的认识。

一、了解自己的投资周期

确立合适的投资周期是建立成功投资策略的关键之一。投资者一旦布局好投资组合里的资产之后，就不要轻易变动。当然这并不表示你不能调整或替换投资组合中的某些选项。但是,永远不要忘记,每种投资产品有它适合的时间期限。

举例来说,如果你的投资周期仅限于1年,那么投资债券和股票就应该格外审慎。这是为什么呢?因为债券和股票通常适合超过一年的投资周期,如3~5年的时间。当然,选择了合适的投资周期并不意味着你在期限内无须调整投资组合。恰恰相反!你应该经常检查,经常复盘。而且在面对市场波动时,不要惊慌,要保持镇定。

二、设置自己的风险容忍度

从前面的章节中,我们知道所有投资本身都有一定的风险。

有一个技巧可能会对你有所帮助,就是检查某个特定资产或资产组合的价格波动性。许多官方的数据库(如路透社、彭博新闻社)都能给出你需要查询的资产的历史定价信息。在股票领域,某一股票的投资表现与其历史价格标准差的比率被称为"夏普比率"(Sharpe Rato),它的具体计算公式为:

$$夏普比率 = \frac{(投资组合预期年收益率 - 无风险利率)}{投资组合超额收益的标准差}$$

无风险利率是一种理论上的回报率,是指投资于没有金融损失风险产品时所能获得的收益率。理论界的学者们通常认为美元90天期的国债利率是"无风险利率"最接近的代表,因为它的信用风险极低,又因为偿还期较短,所以几乎没有市场风险。

虽然某些股票能够给出十分诱人的年收益率,但是同样也有着惊人的波动性,几乎能刺激任何投资者得胃溃疡。这种状况,在你比较不同股票的夏普比率时,就会看得很清楚。如果你的风险容忍度比较低,请选择夏普比率低的股票。

三、规划好预期收益

对于投资者来说,极其重要的一点是要知道所有的投资选择都存在风险。

有些人认为,如果把所有资产转换成现金,就不会失去财富,同时还能维持不变的财富水平。这种理

设置你自己的风险容忍度。

解是完全错误的。你不仅会面临着现金存储机构自身的风险,还会面临一个关键风险,那就是通货膨胀率大于现金存储的回报率,使得你的资产贬值。

随着时间的推移,通货膨胀会侵蚀任何现金货币的价值。这也就是为什么商品和服务的价格(如日常消费账单、医疗费账单)年年都在上涨的主要原因。如果通货膨胀在5年内的平均年增长率为3%,那么在5年后,你一直持有的现金的购买力将下降大约15%。如果有人威胁你说"我要从你口袋里掏出15%的现金",你肯定会打电话报警,但假如你长期持有现金,不进行投资,其实跟碰上抢劫犯是一样的。长期持有现金会削弱它的购买力,并且减少你的净资产。

所以,我们要警惕类似于"长期持有现金来保护财富"这类虚假言论,这种行为其实反而会造成我们的财富损失。在投资组合里持有现金需要付出一定的成本或代价,这跟购买物业或者其他资产完全一样。

在你做净资产估算,或者是在做投资策划的时候,另一个十分有利的举措是利用"真实回报率"这个概念。"真实回报率"的计算公式为:

真实回报率=名义回报率-通货膨胀率

假设你有一笔现金存款,每年的名义回报率为1%,而通货膨胀率是3%,那么你的真实回报率是-2%。换句话说,你的财富价值每年贬值2%。

从另一个角度来说,如果你的投资能够获得的名义回报率为5%,通货膨胀率还是3%,那么你的财富则以2%的速度在逐年增长。

你知道吗?如果你能获得每年4%的真实回报率,你的资产净值可以在18年后整整翻一番!而如果你的真实回报率只有1%的话,资产净值翻一番则需要等待72年之久。

四、设定投资成功的标准

投资世界尽管错综复杂,为寻找一条成功道路,还有一个好办法就是设定好投资的业绩基准。基准允许我们利用设定好的风险参数组来衡量一项投资的绩效水平。如果不评估投资时所承担的风险,我们就无法准确地衡量投资是否成功。

对许多国际投资者来说，有一个基准非常关键，那就是合适的"基准货币"。基准货币是一种衡量工具，用来确定某一投资组合年度回报状况，抑或是资产贬值/升值状况。举例来说，典型的国际投资者可以投资以不同货币计价的多个资产。但是在年末时，该投资者会以其中一种货币为基础，来评价投资组合的整体表现。这种货币就是所谓的"基准货币"。

目前，不仅许多来自北美洲的投资者都以美元作为基准货币，而且许多来自拉丁美洲和亚洲的投资者也同样以美元为基准货币。这是因为他们本地的货币跟美元之间一般是盯住浮动或管制浮动的关系。这一现象在亚太地区尤其明显，例如，人民币、港币、新台币、新加坡币和泰铢等，都和美元有着紧密的联系。不过在亚太地区也有例外，比如说大多数澳大利亚人以本国的澳大利亚币为基准货币，而日本的投资者则会以日元作为基准货币。

在欧洲大陆的国家，欧元或瑞士法郎被公认为当地投资者的基准货币。在英国，人们则很可能选择英镑作为基准货币。

要给自己的摇钱树勤浇灌。

第六章 明智投资的关键

有个经验法则告诉我们,投资组合里基准货币的部分应当保持在40%~60%。然而近年来,我们也见证过汇率在一年内超过10%乃至20%的大幅波动。投资者在管理所持有的外汇资产方面也开始采取更为保守的策略。在投资组合里,80%的资产为基准货币计价的现象已经越来越普遍了。

针对货币还有另外一个基本共识,那就是:美元依然是世界上最广泛使用的货币,并为大多数国家扮演"储备货币"的角色。据分析家估计,全球贸易中约有2/3的贸易额是以美元计价的。

在第一次世界大战后,英国在全球的统治和经济地位都开始衰退。因此,在1944年的布雷顿森林会议结束后,美元取代了英镑,成为全球的储备货币。

除美元外,用于国际贸易的其他主要世界货币还包括欧元、日元、英镑,以及从2016年10月以来加入国际货币基金组织(IMF)特别提款权(SDR)货币篮子的中国人民币。当我们进入21世纪的第二个十年,国际货币基金组织(IMF)决定认可中国人民币为世界货币,这一决策完全符合中国目前在全球经济地位中崛起的现实,而人民币将在未来扮演更为全球化的角色,并担当其社会责任。对中国境外的国家而言,人民币曾经是封闭性货币,但2016年国际货币基金组织(IMF)批准了中国的申请,将人民币纳入特别提款权(SDR),使其成为"一篮子货币"(Basket of Currencies)中的一员。截至2018年年底,在全球范围内,国际贸易中以人民币结算的份额为2.05%。[①]虽然人民币不太可能一夜之间取代美元成为全球的储备货币,但是人民币发展的趋势是非常明显的,在世界贸易和投资活动中已越来越受到人们的认可。

在评估投资组合或资产回报的表现时,我想介绍的另一个技巧是:用已知的"基准"来衡量你的投资绩效。比较股票绩效的最常用的基准是摩根士丹利综合指数。其他常用的指数还包括英国富时100指数和欧洲斯托克50指数。

---

① 资料来源:《人民币国际化报告 2019——高质量发展与高水平金融开发(发布稿)》。

五、不要把所有的鸡蛋放在一个篮子里

哈里·马科维茨（Harry M. Markowitz）博士，1952年发表了他的经典之作《资产选择》。后来，他因为他的关于资产选择理论的分析方法，于1990年获得了诺贝尔经济学奖。随着读者和追随者对他的作品的不断深入研究，他们开始将马科维茨的理论引入"现代投资组合理论"的范畴。

马科维茨大力传扬"有效的投资组合多样化"理论的优势。通过实际数据的强有力支撑，他坚信：随着时间的推移，通过引入多样化的资产类型，明智的投资者将会实现最佳的投资回报。

这种理论有一个更简单的说法，那就是："不要把所有的鸡蛋放在同一个篮子里。"请记住，所有资产类别中不会有任何一个独自常年占据收益冠军的宝座。当然，以投资期限10年计算，股票资产的收益优于其他所有的资产类别。根据相关研究发现，另类投资作为一种单独计算的混合型资产，投资收益能力稍稍低于股票资产，位居第二。债券与固定收益产品在任何一个10年期间

注：漫画中报纸的标题为"市场崩溃"，而旁边站着的兔子则将所有的鸡蛋放在一个篮子里，风险过于集中。

内，有可能会在其中一年或两年获得比股票更好的收益。现金存款是资产类别中最保守的选择，它很难实现最好的收益回报，只有在很偶然的情况下回报才会大于其他资产类别。

金 句

1. **确立合适的投资周期是建立成功投资策略的关键之一。**投资者一旦布局好投资组合里的资产之后，就不要轻易变动。

2. 虽然某些股票能够给出十分诱人的年收益率，但是同样也有着惊人的波动性，几乎能刺激任何投资者得胃溃疡。

3. 随着时间的推移，**通货膨胀会侵蚀任何现金货币的价值。**这也就是为什么商品和服务的价格（如日常消费账单、医疗费账单）年年都在上涨的主要原因。

4. 随着时间的推移，**通过引入多样化的资产类型**，明智的投资者将会实现最佳的投资回报。

5. 请记住，所有资产类别中**不会有任何一个独自常年占据收益冠军的宝座。**

思 考

1. 为什么在选择投资工具时，确定时间周期是一个重要的先决条件？

2. "风险承受能力"和"价格波动"有没有关联？

3. 为什么了解"真实回报"的意义十分重要？

4. 为什么投资者选择"基准货币"十分关键？

5. "夏普比率"是用来衡量什么的比率？

PART TWO

第七章
明智投资的三个重要概念

金钱、金钱、金钱，
多么有趣，
这是有钱人的世界。

——瑞典演唱组合"ABBA"的歌曲
《金钱、金钱、金钱》中的歌词

你知道吗？

关于统计分析和数据频率的著作最早可以追溯到中世纪阿拉伯哲学家、自然科学家肯迪（Al-Kindi）的作品。他一生写了200多部作品，涵盖了哲学和自然科学的各个领域。随着时间的流逝，他的许多作品都失传了。20世纪，在土耳其的一家图书馆里，发现了肯迪的一些珍贵书籍。

第七章 明智投资的三个重要概念

影响金融市场的因素多种多样,而关于这些因素如何导致市场波动的理论也种类繁多。

为了让投资者能够更好地理解金融市场的各种行为,我从多年的工作经验中,总结出以下几个重要概念。

一、系统性风险和非系统性风险

我认为一个很重要的概念就是系统性风险。系统性风险是指会导致整个金融系统或整个市场崩盘,从而给投资者带来损失的风险。与之相对的是非系统性风险,它通常是指与某一种股票或者某一组特定股票有关的风险。当市场存在系统性风险的时候,几乎所有商品都会出现价格下跌或者资产贬值的状况。当系统性风险冲击股市时,几乎所有的股票都会受到影响。

在金融市场上出现过不少众所周知的系统性风险,如1929年的大萧条和2008年的次贷危机,它们都导致了市场的急剧下跌。

让我们比较一下系统性风险和非系统性风险的区别。我们需要记住的是,当市场存在系统性风险时,几乎所有的商品都会受到影响;而与之相对应的,根据目前流行的投资组合理论,投资组合中的非系统性风险,可以通过同时投资两种或者多种彼此具有低相关性或者逆相关性的股票来对冲。

二、相关性

下面我们来介绍两个数学概念:相关系数和协方差。相关系数是一个数值,用来量化两个或多个变量(数据)之间统计上的相关关系。协方差衡量的是投资组合中两个资产的总体误差。

在金融世界中,如果两只股票具有完全相同的价格表现(这实际上是不可能的),可以说它们的相关系数是1(完全相关);或者,两只价格相似度低的股票彼此之间几乎没有相关性,它们的相关系数则趋近于0(相关性很低或没有相关性)。在相关性非常低的情况下,两只股票的价格走向会呈现完全相反的模式。

在构建资产组合时,有两个著名的例子可以拿来借鉴,用于阐明如何利用相关性原理为投资者服务。

第一个例子是美国政府债券与股票的持续相关性(如表7-1、图7-1所示)。投资组合中同时持有股票和债券的一个原因是,它们的相关系数不为1。在几年前的估算中,一般将股票和债券的相关系数定为0.6,尽管在过去的二十多年该系数越来越低。但是,让我们假设股票和债券之间存在0.6的相关系数,这就意味着,假设当股票价格上升1%时,那么投资组合中的债券价格上涨幅度将是0.6%。这个相关系数暗示的是债券的上升幅度与股票相比,显得更加平缓。

表7-1 美国资产相关系数矩阵图

资产类型	美国大型成长股	美国大型价值股	美国中型成长股	美国中型价值股	美国小型成长股	美国小型价值股	外国工业化市场股	新兴市场股	美国投资级债券	美国高收益债券	非美国债券	现金	商品	不动产
美国大型成长股	1.000	0.848	0.896	0.740	0.856	0.718	0.582	0.571	0.189	0.528	0.005	0.023	0.124	0.444
美国大型价值股	0.848	1.000	0.778	0.899	0.743	0.844	0.586	0.537	0.230	0.577	−0.008	0.052	0.141	0.588
美国中型成长股	0.896	0.778	1.000	0.776	0.980	0.792	0.558	0.559	0.125	0.562	−0.019	−0.019	0.162	0.515
美国中型价值股	0.74	0.899	0.776	1.000	0.767	0.957	0.536	0.512	0.212	0.620	−0.015	−0.002	0.150	0.678
美国小型成长股	0.856	0.743	0.980	0.767	1.000	0.805	0.539	0.560	0.097	0.581	−0.036	−0.035	0.161	0.541
美国小型价值股	0.718	0.844	0.792	0.957	0.805	1.000	0.516	0.517	0.160	0.644	−0.032	−0.013	0.157	0.701

续表

资产类型	美国大型成长股	美国大型价值股	美国中型成长股	美国中型价值股	美国小型成长股	美国小型价值股	外国工业化市场股	新兴市场股	美国投资级债券	美国高收益债券	非美国债券	现金	商品	不动产
外国工业化市场股	0.582	0.586	0.558	0.536	0.539	0.516	1.000	0.667	0.170	0.398	0.288	0.052	0.181	0.389
新兴市场股	0.517	0.537	0.559	0.512	0.560	0.517	0.667	1.000	0.036	0.432	0.025	0.003	0.201	0.343
美国投资级债券	0.189	0.230	0.125	0.212	0.097	0.160	0.170	0.036	1.000	0.382	0.447	0.237	−0.107	0.157
美国高收益债券	0.528	0.577	0.562	0.620	0.581	0.644	0.398	0.432	0.382	1.000	0.082	0.010	0.039	0.499
非美国债券	0.005	−0.008	−0.019	−0.015	−0.036	−0.032	0.288	0.025	0.447	0.082	1.000	0.229	−0.076	−0.001
现金	0.023	0.052	−0.019	−0.002	−0.035	−0.013	0.052	0.003	0.237	0.010	0.229	1.000	−0.163	−0.050
商品	0.124	0.141	0.162	0.150	0.161	0.157	0.181	0.201	−0.107	0.039	−0.076	−0.163	1.000	0.159
不动产	0.444	0.588	0.515	0.678	0.541	0.701	0.389	0.343	0.157	0.499	−0.001	−0.050	0.159	1.000

资料来源：2014年《晨星报》。

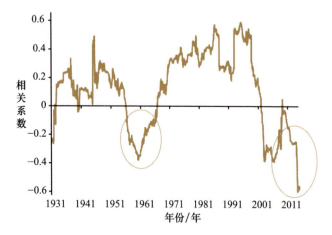

资料来源:美银美林全球投资策略部。

图7-1　1931—2011年5年期
美国政府债券与股票月回报相关系数变动曲线

同样的,当股票价格下跌时,债券价格的下跌幅度也稍小一些。有意思的是,债券和股票的相关系数是不断变化的,在20世纪70年代、80年代、90年代,债券价格和股票价格的相关性基本上为中等正相关。然而,这一趋势在新千年中有了很大变化,债券和股票近些年来呈负相关的关系。在20世纪50年代中期至60年代中期,以及2001—2011年,美国政府债券价格与股票价格呈现相反的变动趋势。

第二个例子是将黄金等商品放入投资组合前和投资组合后的资产价值作对比，组合中的黄金等商品可以缓解投资组合中股票的风险。在各自独立市场中，黄金价格有过显著上涨或者戏剧性下跌的现象。但是黄金和股票价格的相关系数很低，估计在0.2的范围内。

在过去的20年里，对冲基金的普遍运用和飞速增长，主要归因于其相关性的理论引导。一些获得很高评价的对冲基金经理承诺他们的业绩回报是"市场中性的"，即无论股票市场或债券市场多么动荡，其产品都能盈利，以此获得相当不错的酬劳。

三、标准差

了解与投资相关的标准差（Standard Deviation）概念，可以帮助投资者更好地理解资产价格波动的现象。毕竟，几乎每一种类别的资产都会有价格波动，投资者的每一次投资都会有价值浮动，它们都有自己的高潮和低谷，理解这一点至关重要。每当交易日结束的时候，我们总会获知某种资产的价值或者收市价格。但是，这些价格都是波动的，而某些资产的价格波动比其他资产的价格波动更为剧烈，这种波动的状态通常被称为波动性。

针对大多数资产，如果我们追溯其最近的价格历史，通常情况下，我们预测股票收益将在一定范围内的确定性如果达到约68%，则我们称之为正负1倍标准差；如果我们预测股票收益将在一定范围内的确定性达到95%，则我们称之为正负2倍标准差；如果我们预测股票收益将在一定范围内的确定性达到99%，则我们称之为正负3倍标准差。当然，总会有人担心剩下的那1%有可能会发生。超过3倍标准差的那些事件，或是发生概率仅为1%的事件非常罕见，作家纳西姆·尼古拉斯·塔勒布（Nassim Nicholas Teleb）在其2007年出版的《黑天鹅》一书中所定义的"黑天鹅"事件（Black Swan Event）就属于此类罕见事件。这里有一个值得关注的事件，就是总部设在美国康涅狄格州格林威治小镇的对冲基金管理公司——长期资本管理公司（Long-Term Capital Management，LTCM），该公司在1998年夏天宣布倒闭，公司创始人和业界分析师们都将此事件解释为"500年不遇的风暴"（详情请读者见后文"美国长期资本管理基金的崩溃"）。这个例子说明，当1%的罕见情况发生，会造成怎样的灾难性后果。毕竟该公司的董事会成员中有两位诺贝尔经济学奖得主。这次事件导致该公司的直接经济损失超过45亿美元，并引发了全球市场的剧烈波动，后来还引发了俄罗斯债务的大面积违约、日元大幅升值以及几个东南亚经济体面临全面崩溃。

现在让我们回到标准差的概念上。标准差是衡量波动与平均值之间的差距。在评估股票、商品、共同基金或其他类型资产的投资潜力时，这是一个重要的衡量指标。资产的投资风险越高，其偏离平均值的标准差就有可能越高，明智的投资者总是会将投资回报率和其价值的波动程度对照起来，同时考量（如表7-2所示）。

表7-2 美元不同资产的平均回报率与其标准差

资产类型	平均回报率（%）	标准差（%）
大型公司股票	12.1	20.2
小型公司股票	16.9	32.3
长期企业债券	6.3	8.4
长期政府债券	5.9	9.8
中期政府债券	5.4	5.7
美国国债	3.5	3.1

资料来源：美银美林全球投资策略部。

延伸阅读

美国长期资本管理基金的崩溃

1998年发生的美国长期资本管理基金的崩盘事件，触发了后来金融市场上一连串巨大的系统性风险。为了深入了解这一事件的发生，我们首先应当了解一个概念——"趋同交易"（convergence trade）。

所谓的"趋同交易"，涉及两种类似资产的反向远期交易活动，也就是说，买入某一类资产的远期合同或是约定在将来某个时期买入这类资产（我们称之为做多资产），然后以稍高价格卖出另一类似资产的远期合同（我们称之为做空资产）。这其中隐含的预期是，当两个远期合同到期时，投资者就会很轻易地获得收益。

当时的历史背景是这样的：1994年，著名的所罗门兄弟公司的债券交易商约翰·梅里韦琴（John Meriwether）成立了美国长期资本管理基金。该基金从80多名投资人中筹集了大约13亿美元的资本，这些人中包括梅里韦琴的不少好朋友，他们每人的认购金额高达1000万美元。此外，长期资本管理基金还拥有一个"梦之队"般的管理团队，其顾问和成员包括了诺贝尔经济学奖得主马尔隆·斯科尔斯和罗伯特·默顿，纽约联邦储备银行前副主席大卫·莫里斯也位列其中。

1998年美国长期资本管理基金的崩盘过程是这样的：最初，该基金主要购买俄罗斯和其他一些新兴市场的主权债券，并将这些债券针对美元进行套期保值。该基金还同时购买日元资产。当时，许多投资者都有借贷日元的行为，因为日元的借贷成本比美元的借贷成本低很多。到1998年年底，俄罗斯政府宣布，其经济形势十分严峻,俄罗斯卢布贬值势在必行,后来俄罗斯政府又宣布无法按期偿还国债。这一突发事件让全球金融市场措手不及,一时间危机迅速蔓延,引起许多投资者的恐慌情绪。由于俄罗斯政府无力偿还债务,同年第四季度日元飙升了17%。我记得当时有很多投资者选择接受日元作为贷款时的首选货币,因为日本中央银行为投资者提供近零利率的日元贷款政策,让他们借到便宜的日元,然后转换成其他的货币获得高收益。当投资者借入一种货币去投资另一种货币时,必须要仔细监控外汇汇率的风险。

在市场崩溃的同时,更为雪上加霜的是美国长期资本管理基金所承担的高杠杆债务。尽管该基金的资产市值接近50亿美元,但它进一步以投资者的资产作为抵押,向各银行、券商借了超过1250亿美元的债务,最终其自身的财务杠杆比例高达25∶1。

在成立的头3年间,除了给自己公司的管理团队开出巨额的报酬以外,美国长期资本管理基金每年还向投资者提供超过40%的回报,获得了巨大的成功。拥有两位诺贝尔经济学奖得主的基金管理团队,一直都处于过度自信的状态,对风险毫不在意。

当俄罗斯宣布暂停偿还国债之后,整个市场崩盘的严重性,很快就造成了美国长期资本管理基金的灾难。该基金的股票市值直线下降到了原来的一半,最终让其股权资产缩水到了仅剩6亿美元。

最终美国联邦储备委员会出面拯救了该基金,引导某财团注资35亿美元,最终获得了基金的控股权。

金 句

1. 投资组合中的非系统性风险,可以通过同时投资两种或者多种彼此具有低相关性或者逆相关性的股票来对冲。

2. 投资组合中同时持有股票和债券的一个原因是,它们的相关系数不为1。

3. 标准差是衡量波动与平均值之间的差距。在评估股票、商品、共同基金或其他类型资产的投资潜力时,这是一个重要的衡量指标。

4. 资产风险越高,其偏离平均值的标准差就有可能越高,明智的投资者总是会将投资回报率和其价值的波动程度对照起来,同时考量。

》思 考

1. 请就"系统性风险"举一个实例。

2. 假如一个投资组合中的两只股票的价格表现不一致,它们是正相关关系还是负相关关系?

3. 美国股票和债券的相关性是否很高?这和中国市场的情况一样吗?

PART TWO

第八章
投资组合的构建

一个投资组合成功与否,90% 取决于资产如何配置。

——《金融分析师杂志》(1986)

你知道吗？

哈里·马科维茨博士被许多人认为是资产管理史上最有影响力的人物之一。马科维茨出生于1927年，曾经在芝加哥大学就读。他非常沉迷于优化投资技术。1952年，他发表了一篇名为《资产选择》的博士论文，该论文于1958年编订成书。此书后来成为"现代投资组合理论"（Modern Portfolio Theory, MPT）的重要理论基础。马科维茨因此于1990年获得诺贝尔经济学奖。

第八章 投资组合的构建

通过前面的阅读，现在你已经了解了投资组合的基础知识。那么，让我们继续前进，现在就创建一个投资组合吧！

一、构建保守型投资组合

通常情况下，投资者在进行投资的最初阶段，最好持偏保守的态度来选择投资组合中的各类资产，在渐渐适应了市场波动后，逐步增加风险杠杆。我们在构建以获得收入现金流为目标的投资组合时，应该重点关注资产保值，并控制好投资组合的波动幅度。在这种低风险偏好下，投资回报通常来自存款或者债券的利息收入，或者投资组合中相关股票的分红。

据此，运用本书前文所提到的资产配置原则，让我们一步一步地构建投资组合的各个部分。

首先，我们应该保证部分投资资金的流动性，投资组合中的这部分资金可以称为组合中的货币市场产品或现金部分。

如果我们要想投资美国国内市场，可能受限于美元货币。如果我们投资美国以外的市场，就可以在组合中包含除美元以外的其他货币。

下面是一个将美元作为基准货币的保守型投资组合方案——意味着该方案将美元作为每年衡量组合价值的基准货币。如果投资者居住在阿姆斯特丹、巴黎或柏林，那么也可以选择欧元作为基准货币；如果投资者居住在伦敦，英镑就是他的基准货币。通常保持投资组合内40%~60%的资本以基准货币计价，是大家公认的较为明智的战术决策。在经历了1998年或2008年的全球金融危机后，我们见识了货币的极端波动，因此投资者也可以考虑在投资组合中持有更高比例的基准货币。

针对投资组合中的现金资产部分，投资者总是试图将其置于最安全的投资类型里，他们通常会选择去信誉度高的银行购买定期存单，当然，也可以购买短期美国国债。短期美国国债是美国政府发行的债券工具，期限一般是12个月或者更短。大部分投资分析师认为这种国债可能是当今世界上最安全的短期投资工具之一。

接下来我们配置投资组合中的固定收益产品。在下面这个保守型投资组合方案中，这一部分投资大概占总投资组合金额的50%。在这一份额以内，通过对单一债券（或其他债券类资产）的持有量不超过投资组合总额5%的原则，投资者可以达到分散风险的目的。同时，投资者选择持有不同到期期限的债券，并混合持有政府发行的债券和企业发行的债券，也是明智之举。

然后，我们配置投资组合中的股票部分。保守型投资组合寻求的是低波动的回报，而股票的回报波动往往比较大。因此，整个保守型投资组合中，股票部分的占比应该不超过20%。此外，我们可以选取不同地区、不同行业的股票，实现投资组合的多样性。在下面这个投资组合方案中，55%的股票选自北美市场，40%的股票选自欧洲大陆市场和日本市场，另外5%的股票选自全球范围内的其他国家或地区的市场（如图8-1～图8-3及表8-1所示）。

保守型投资组合方案

- 组合风险：保守型
- 总投资额：500万美元
- 时间期限：2～3年
- 基准币种：美元
- 投资目标：追求保本和稳定的年回报，避免年回报的剧烈波动

类型	占比（%）
货币市场产品	5
固定收益产品	50
股票	20
另类投资	25

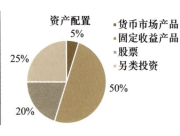

图 8-1　保守型投资组合资产类别配置比例

货币	占比（%）
美元	84
澳元	6
欧元	5
日元	5

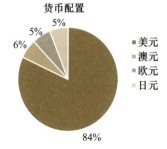

图 8-2 保守型投资组合货币类资产配置比例

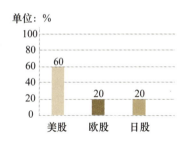

（a）按地域分

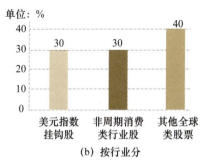

（b）按行业分

图 8-3 保守型投资组合股票类资产配置比例

表 8-1　保守型投资组合（以 500 万美元为例）

金额单位：美元

名称	类别	币种/行业	实际价格	汇率	资产额度	投资组合占比(%)
货币市场产品						
美元	现金			1.00	210,000	4.2
澳元	现金			0.71	150,000	0.3
欧元	现金			1.08	125,000	0.25
日元	现金			120.00	125,000	0.25
货币市场产品总额					250,000	5
固定收益产品						
JP Morgan High Yield Fund OHYFX	债券基金	美元	6.81	1.00	200,000	4
Delaware Diversified Income	债券基金	美元	8.58	1.00	200,000	4
Oppenheimer Senior Floating Rate	债券基金	美元	7.57	1.00	200,000	4
Aegon NV	企业债券	美元	27.87	1.00	100,000	2
First Horizon Nat Corp	企业债券	美元	25.16	1.00	100,000	2
First Rep Bk SF Cal D	企业债券	美元	24.89	1.00	100,000	2
Maiden Holdings N Amer LT	企业债券	美元	27.22	1.00	100,000	2
Metlife Inc.	企业债券	美元	24.54	1.00	100,000	2
Morgan Stanley	企业债券	美元	25.65	1.00	100,000	2

金额单位：美元 （续表）

名称	类别	币种/行业	实际价格	汇率	资产额度	投资组合占比(%)
Westpac Bkg Corp Floater 3/30/24	企业债券	澳元	99.75	0.71	150,000	3
Emirates NBD PJSC 4.75% 02/2022	企业债券	澳元	101.80	0.71	150,000	3
固定收益产品总额					2,500,000	50
股票						
SPDR S&P 500 ETF Trust	美股	综合产业		1.00	300,000	6
Delaware Diversified Income	美股	必选消费品		1.00	300,000	6
Oppenheimer Senior Floating Rate	欧股	全球		1.00	200,000	4
Aegon NV	日股	全球		1.00	200,000	4
股票总额					1,000,000	20
另类投资						
Colchis P2P Income Fund	P2P收益基金	美元		1.00	312,500	6
Cumulus Fund	能源基金	美元		1.00	312,500	6
Athos Fund	并购基金	美元		1.00	312,500	6
Segantil Asia-Pac Equity Multi Strat	亚太战略基金	美元		1.00	312,500	6
另类投资总额					1,250,000	25
投资组合总额					5,000,000	100

二、构建平衡型投资组合

有的投资者倾向于追求较高的投资回报,同时仍然希望将投资风险控制在中等水平。即此类投资者偏好平衡风险型或中等风险型投资组合。此类投资组合,与前文中的保守型投资组合是不同的,它们使用了不同的资产配置方式。

我们还是从投资组合中的货币市场产品或现金部分说起,平衡型投资组合中这部分资产的投资方式,与前面保守型投资组合的方式非常相似。人们总会有需要现金的时候,大家都愿意保持一小部分资金的流动性。所以,我们在组合中应当配置5%的货币市场产品或现金部分。

接下来我们配置投资组合中的固定收益产品。跟前面的保守型投资组合相比,平衡型投资组合应将这部分的比例下调至30%。尽管如此,投资者在配置这部分的资产时仍应该进行多样化安排,这是为了避免持有单一债券所面临的过于集中的风险。从表8-2中你可以看到,该投资组合中持有的债券,没有任何一个的投资比例超过了投资组合总额的4%;债券的来源也是各式各样的,有的是企业发行的债券,有的是政府发行的债券,还有的是政府代理机构发行的债券。为了寻求安全性,在这个投资组合中,债券期限从2年到10年不等。还有一个重要的事实,那就是本组合中的债券多数是拥有投资级的信用评级,而且它们的信用评级都不低于BBB级的水平。

然后,我们配置这个平衡型投资组合中的股票部分。本投资组合中75%的股票选自美国市场,15%的股票选自欧洲大陆市场,5%的股票选自日本市场,另外还有5%的股票选自其他国家或地区的市场。除了在地理上对股票资产进行多样化的安排之外,此投资组合还选择了多个行业进行股票资产配置。

本投资组合中还有30%的另类资产投资,被配置为4种不同的产品。本投资组合情况具体如图8-4~图8-6及表8-2所示。

平衡型投资组合方案

- 组合风险：平衡型
- 总投资额：500万美元
- 时间期限：3~5年
- 基准币种：美元
- 投资目标：中等程度的资本增值，追求中等年回报，避免资产价值剧烈波动

类型	占比（%）
货币市场产品	5
固定收益产品	30
股票	35
另类投资	30

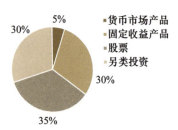

图 8-4 平衡型投资组合资产类别配置比例

第八章 投资组合的构建

货币	占比（%）
美元	82
澳元	6
欧元	6
日元	6

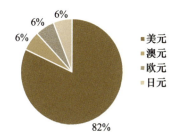

图 8-5 平衡型投资组合货币类资产配置比例

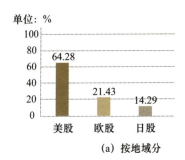

（a）按地域分

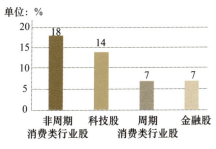

（b）按行业分

图 8-6 平衡型投资组合股票类资产配置比例

表 8-2 平衡型投资组合（以 500 万美元为例）

金额单位：美元

名称	描述	币种/行业	实际价格	汇率	资产额度	投资组合占比(%)
货币市场产品						
美元	现金			1.00	205,000	4.1
澳元	现金			0.71	15,000	0.3
欧元	现金			1.08	15,000	0.3
日元	现金			120.00	15,000	0.3
货币市场产品总额					250,000	5
固定收益产品						
JP Morgan High Yield Fund OHYFX	债券基金	美元	7.17	1	200,000	4
Delaware Diversified Income	债券基金	美元	8.65	1	200,000	4
Oppenheimer Senior Floating Rate	债券基金	美元	7.82	1	200,000	4
Aegon NV	企业债券	美元	27.87	1	100,000	2
First Horizon Nat Corp	金融债	美元	25.16	1	100,000	2
First Rep Bk SF Cal D	金融债	美元	24.89	1	100,000	2
Maiden Holdings N Amer LT	企业债券	美元	27.22	1	100,000	2
Metlife Inc.	金融债	美元	24.54	1	100,000	2
Morgan Stanley	金融债	美元	25.65	1	100,000	2
Westpac Bkg Corp Floater 3/30/24	金融债	澳元	99.75	0.71	150,000	3
Emirates NBD PJSC 4.75% 02/2022	金融债	澳元	101.8	0.71	150,000	3
固定收益产品总额					1,500,000	30

金额单位：美元　（续表）

名称	描述	币种/行业	实际价格	汇率	资产额度	投资组合占比(%)
股票						
Nucor Corp	美股	基础材料	40.11	1	62,500	1.25
BMW AG	欧股	可选消费品	33.67	1	62,500	1.25
Coach Inc.	美股	可选消费品	30.02	1	62,500	1.25
Mead Johnson Nutrition	美股	必选消费品	81.24	1	62,500	1.25
Orkla AS	欧股	必选消费品	7.99	1	62,500	1.25
Proctor & Gamble Co.	美股	必选消费品	74.66	1	62,500	1.25
Phillip Morris Intl Inc.	美股	必选消费品	84.02	1	62,500	1.25
TJX Cos Inc. New	美股	必选消费品	68.25	1	62,500	1.25
Citigroup Inc.	美股	金融	53.46	1	62,500	1.25
Willis Group Holdings Put	美股	金融	43.83	1	62,500	1.25
Merck & Co Inc. New	美股	医疗	53.03	1	62,500	1.25
Perkinelmer Inc.	美股	医疗	50.68	1	62,500	1.25
CSX Corp	美股	工业	27.05	1	62,500	1.25
Emerson Elec Co.	美股	工业	47.25	1	62,500	1.25
Pentair PLC	美股	工业	54.45	1	62,500	1.25
Monmouth I Re	美股	房地产	10.67	1	62,500	1.25

金额单位：美元 （续表）

名称	描述	币种/行业	实际价格	汇率	资产额度	投资组合占比(%)
Apple Inc.	美股	科技	115.72	1	62,500	1.25
Cisco Sys Inc.	美股	科技	27.83	1	62,500	1.25
EMC Corp Mass	美股	科技	25.02	1	62,500	1.25
Fortinet Inc.	美股	科技	33.27	1	62,500	1.25
Wisdom Tree Europe Hedged Equity Fund	欧洲股票基金	美元	53.03	1	250,000	5
Wisdom Tree Japan Hedged Equity Fund	日本股票基金	美元	48.99	1	250,000	5
股票总额					1,750,000	35
另类投资						
Colchis P2P Income Fund	P2P收益基金	美元	*	1	375,000	7.5
Cumulus Fund	能源基金	美元	862.71	1	375,000	7.5
Athos Fund	并购基金	美元	*	1	375,000	7.5
Segantil Asia-Pac Equity Multi Strat	亚洲战略基金	美元	386.77	1	375,000	7.5
另类投资总额					1,500,000	30
投资组合总额					5,000,000	100

*此产品为周期报价，非每日报价。

第八章 投资组合的构建

需要谨记一个原则,那就是当我们进行另类资产投资时,这部分的投资不需要跟股票市场有太高的相关性。另类资产投资中包含了不同种类的对冲基金。不少基金经理会宣称他们能做到"市场中性",意思是无论股票市场的走势如何,他们都能持续获得盈利。在下行的股票市场环境中,对冲基金的作用相当于安全气垫,补偿股票市场那时候少得可怜的回报。而到了股票市场上涨的时候,对冲基金经理也同样向他们的客户保证投资正回报。

近些年来,分析家们有一种倾向,就是将其他类别基金都纳入另类投资。这些投资要么就是跟大宗商品关联的投资,要么就是跟房地产关联的投资。我再次重申,这些对冲基金之所以被称为"另类",其实是因为它们跟股票市场的回报率波动弱相关,或者相关性很低。

在投资组合中配置另类投资工具时,多样化总是一个明智的选择,要记住不要把所有投资全部放入一个门类的投资工具中。选择至少3～4种不同形式的另类投资工具,是一个审慎且明智的决定。

三、构建激进型投资组合

对于拥有较高风险承受能力和丰富经验的投资者来说,构建一个激进型的投资组合,也许是最佳的选择。

在激进型投资组合中,股票类资产所占的比重会很高。要知道在比较长期的时间范围内,经过慎重选择的股票资产组合,将会获得比债券和现金储蓄更高的投资回报。

当然,投资者也应该清楚地认识到,投资股票会伴随着更为剧烈的波动性。

现在,让我们开始构建激进型的投资组合。要记住,将整个投资组合中的一小部分资产纳入现金类投资是明智的。在下面这个激进型投资组合方案(见图8-7～图8-9及表8-3)中你会发现,组合中仍然将5%的资产配置为货币市场产品或现金部分,保持一定的资产流动性。

我们也在该投资组合中配置了12%的固定收益产品。

第八章 投资组合的构建

重要的一点是,我们在这个激进型的投资组合方案中,将另类投资的比例降至13%的水平。相较于前面的两个投资组合方案,我们进行的最大调整是将股票资产的比例上调,占到投资组合总额70%的水平。持有这一投资组合时,投资者一定要准备一个较长的投资期。

投资组合中的股票资产也应该进行多样化配置,选择来自不同国家或地区和不同行业的产品。

最后,我们选择另类投资产品时,持有的目的是力求整个投资组合的回报不受冲击。如果另类投资业绩表现正常,就像保险的作用一样能够减缓在股市低迷期间,投资组合价值下行的趋势;而在股市上涨期间,另类投资产品同样也能带来好的收益。

也有人批评对冲基金行业向投资者收取高额管理费,并且实行十分不友好的赎回政策。事实上,"世界上没有免费的午餐",对冲基金的确常常会因为在组合中增加另类投资而产生额外的成本。但是,管理良好的对冲基金,往往会在股市下行时给普通投资者带来业绩下行的保护。

激进型投资组合方案

- 组合风险：激进型
- 总投资额：500万美元
- 时间期限：4～6年
- 基准币种：美元
- 投资目标：追求资本增值，同时可承受一定的价值波动，甚至在某个时期内的负增长

类别	占比（%）
货币市场产品	5
固定收益产品	12
股票	70
另类投资	13

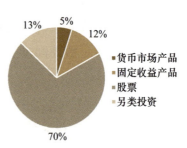

图8-7 激进型投资组合资产类别配置比例

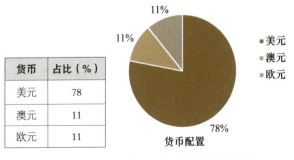

图 8-8 激进型投资组合货币类资产配置比例

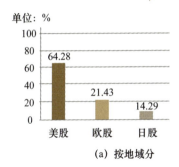

(a) 按地域分

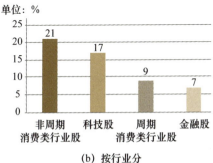

(b) 按行业分

图 8-9 激进型投资组合股票类资产配置比例

表 8-3 激进型投资组合（以 500 万美元为例）

金额单位：美元

名称	描述	币种/行业	实际价格	汇率	资产额度	投资组合占比(%)
货币市场产品						
美元	现金			1.00	195,000	3.9
澳元	现金			0.71	27,500	0.55
欧元	现金			1.08	27,500	0.55
货币市场产品总额					250,000	5
固定收益产品						
JP Morgan High Yield Fund OHYFX	债券基金	美元	7.17	1	200,000	4
Delaware Diversified Income	债券基金	美元	8.65	1	200,000	4
Oppenheimer Senior Floating Rate	债券基金	美元	7.82	1	200,000	4
固定收益产品总额					600,000	12
股票						
Nucor Corp	美股	基础材料	40.11	1	125,000	2.5
BMW AG	欧股	可选消费品	33.67	1	125,000	2.5
Coach Inc.	美股	可选消费品	30.02	1	125,000	2.5
Mead Johnson Nutrition	美股	必选消费品	81.24	1	125,000	2.5
Orkla AS	欧股	必选消费品	7.99	1	125,000	2.5

金额单位：美元　（续表）

名称	描述	币种/行业	实际价格	汇率	资产额度	投资组合占比(%)
Proctor & Gamble Co.	美股	必选消费品	74.66	1	125,000	2.5
Phillip Morris Intl Inc.	美股	必选消费品	84.02	1	125,000	2.5
TJX Cos Inc. New	美股	必选消费品	68.25	1	125,000	2.5
Citigroup Inc.	美股	金融	53.46	1	125,000	2.5
Willis Group Holdings Put	美股	金融	43.83	1	125,000	2.5
Merck & Co. Inc. New	美股	医疗	53.03	1	125,000	2.5
Perkinelmer Inc.	美股	医疗	50.68	1	125,000	2.5
CSX Corp	美股	工业	27.05	1	125,000	2.5
Emerson Elec Co.	美股	工业	47.25	1	125,000	2.5
Pentair PLC	美股	工业	54.45	1	125,000	2.5
Monmouth I Re	美股	房地产	10.46	1	125,000	2.5
Apple Inc.	美股	科技	115.72	1	125,000	2.5
Cisco Sys Inc.	美股	科技	27.83	1	125,000	2.5
EMC Corp Mass	美股	科技	25.02	1	125,000	2.5
Fortinet Inc.	美股	科技	33.27	1	125,000	2.5
Wisdom Tree Europe Hedged Equity Fund	欧洲股票基金	美元	53.03	1	500,000	10

金额单位：美元 （续表）

名称	描述	币种/行业	实际价格	汇率	资产额度	投资组合占比(%)
Wisdom Tree Japan Hedged Equity Fund	日本股票基金	美元	48.99	1	500,000	10
股票总额					3,500,000	70
另类投资						
Colchis P2P Income Fund	P2P收益基金	美元	*	1	162,500	3.3
Cumulus Fund	能源基金	美元	862.71	1	162,500	3.3
Athos Fund	并购基金	美元	*	1	162,500	3.3
Segantil Asia-Pac Equity Multi Strat	亚太战略基金	美元	386.77	1	162,500	3.3
另类投资总额					650,000	13
投资组合总额					5,000,000	100

*此产品为周期报价，非每日报价。

四、构建投资组合的注意事项

关于投资组合的构建，需要注意以下三个方面的问题：

第八章 投资组合的构建

1. 风险选择与年龄增长的关系

在生活中,常常有人问我,到底是什么因素影响投资者做出不同的风险选择?我一直建议新手投资者(无论他们是年轻还是年长)一开始都采取保守态度进行投资,直到他们感觉对市场更有把握时再改变风格。因此,本章所展示的投资组合实例中,保守型投资组合是最适合此类投资者的。与此同时,我也注意到,随着年龄的增长,投资者会变得越来越保守,越来越厌恶风险。

股票占比较高的投资组合通常可以获得不错的投资收益,并且最适合长期持有。因此,40岁以下的年轻人比年长的人士更适合激进型投资组合。但这并不是说没有40岁以下的保守投资者。不过,当一个人年轻的时候,他更愿意承担风险,而且遇到全球金融市场下行的时候,他们有更多的时间可以等待市场回暖。年轻投资者往往更能承受那些不可避免的市场震荡。

相反,年长一些的人士,例如进入中年期的投资者,更愿意接受保守型或者平衡型投资组合。中

投资前　　　　　　　　**投资后**

侍者：先生，您今天想要点菜谱中的哪道菜呢？

威尔伯：我们想要米尔顿·弗里德曼①套餐！

---

① 米尔顿·弗里德曼（Milton Friedman）为美国著名经济学家，1976年诺贝尔经济学奖得主，"世界上没有免费的午餐"这句名言即出自他之口。此漫画的寓意为：世界上没有免费的午餐，投资者要为自己的投资策略承担后果。

年人的投资期限通常会大大缩短（这是由人类平均死亡年龄的现实所决定的），他们自然而然地会越来越不愿意接受财富缩水的风险。中年投资者可能会降低投资组合中股票的占比，在投资策略中也会更多地选择资产保护措施。

当投资者步入晚年，则可能会偏好更低的收益波动，而且他们的投资期限会明显缩短。这时，相比个人投资的资本收益，他们可能更倾向保障财富的价值，并将家庭财富传承给子孙后代，或者是捐赠给慈善机构。

因此，可以看到很多新手投资者或者老年投资者会选择保守型投资组合。此类投资组合的回报，可能会比平衡型和激进型投资组合的回报低，不过其收益波动也会相对更小。

2.零利率环境下的风险分析与投资组合的选择

目前，投资界面临的挑战之一就是，如何应对持续了十多年的零利率环境。由于许多中央银行实施超低短期利率的政策，在大部分的投资组合中，货币市场投资那部分的收益已经降至几乎为零。这种情况实际上已经将大多数追求投资收益的投资者,推到更高的风险水平上。

这种情况还为另类资产管理专家创造了机会,因为在这种金融市场扭曲的状况下,他们能够提供良好的投资收益。由此产生了一个新的投资领域——私募股权投资。这类投资受到了投资者的追捧,因为投资者可以直接向这类公司投资,以获得公司承诺,让他们的资产有可能获得更高的收益和资本增值。

在很大程度上,零利率政策是由美国中央银行(美联储)和欧洲中央银行实行的极其宽松的货币政策[1]引发的,这导致了2008年全球金融危机后美国和欧洲的10年期国债收益率下降到了很低的水平。许多人认为,美国国债收益率保持在每年3%以下是值得关注的。因为当它低于这个水平时,它就已经低于许多发行优先股和普通股公司支付的股息分红了。在欧洲,为了改善不良的债务状况,欧洲中央银行开始回购债务,部分欧债

---

[1] 此处"极其宽松的货币政策"是指增加市场货币供应量,比如直接发行货币,在公开市场上买债券,降低准备金率和贷款利率等。

管理你的资产组合来增加你的财富。
选取一个合理的时间范围并且严守资产分配的原则。

发行人给出了负利率的定价。到2017年，这些宽松政策在美国已经放缓，欧洲中央银行也宣布削减资产购买。因此，随着中央银行的利率政策变得不那么宽松，零利率环境可能会慢慢改变。

3. 监控投资组合

无论投资者选择保守型投资组合、平衡型投资组合还是激进型投资组合，重要的是要明白：随着时间的流逝，投资组合不会总保持静止状态。货币、债券和股票的价格每天、每小时都在变化。因此，正如人们为花园里的花卉和其他植物补充水分一样，投资者应该养成每隔几周就监控投资组合的习惯。在市场波动加剧时，投资者则应更频繁地监测投资组合的价值状况。在一定时期内（如一年以内），投资组合中的资产分配应该是经常变化的。投资者经常调整投资组合中股票、债券或者基金的仓位是很正常的行为。

第八章 投资组合的构建

金 句

1. 以获得收入现金流为目标的投资组合，应该重点关注资产保值，并控制好投资组合的波动幅度。

2. 在投资组合中配置另类投资工具时，多样化总是一个明智的选择，要记住不要把所有投资全部放入一个门类的投资工具中。

3. 如果另类投资业绩表现正常，就像保险的作用一样能够减缓在股市低迷期间，投资组合价值下行的趋势；而在股市上涨期间，另类投资产品同样也能带来好的收益。

4. 我一直建议新手投资者（无论他们是年轻还是年长）一开始都采取保守态度进行投资，直到他们感觉对市场更有把握时再改变风格。

5. 当一个人年轻的时候，他更愿意承担风险，而且遇到全球金融市场下行的时候，他们有更多的时间可以等待市场回暖。年轻投资者往往更能承受那些不可避免的市场震荡。

6. 货币、债券和股票的价格每天、每小时都在变化。因此，正如人们为花园里的花卉和其他植物补充水分一样，**投资者应该养成每隔几周就监控投资组合的习惯。**

第八章 投资组合的构建

》思 考

1. 哈里·马科维茨博士因为在1952年发表论文《资产选择》而获得1990年诺贝尔经济学奖。在这篇论文中,关于控制资产组合的波动,他的核心观点是什么?

2. "千万不要把鸡蛋都放在同一个篮子里"这一概念,是《资产选择》的核心观念,它代表什么含义?

3. 现金、债券和股票,哪个波动性最大?

4. 当一个投资者步入老年时,他通常应当在投资组合中放入更高比例的股票还是债券?

5. 在那些中央银行实行"零利率政策"的国家进行投资,短期存款对投资者来说是否具有吸引力?为什么?

PART TWO

第九章
金融标杆——基准

在盲人的国度里,独眼的乞丐就可以当国王。

——德西德里乌斯·伊拉斯谟

(中世纪尼德兰著名思想家)

你知道吗？

作为投资基准，世界上最为广泛应用的指数是摩根士丹利资本国际指数。它涵盖了分布在 23 个国家（地区）的 1600 多个大型和中型上市公司的股票，被认为代表了这些国家（地区）85% 的市值。

第九章 金融标杆——基准

设定一个可实现的目标是明智投资的一部分。选定一个基准来评估每年的投资组合收益水平，是非常有帮助的。这样做能在市场有波动的时候，通过基准来评估投资组合的表现，让投资者不用惊慌失措。当一个人进行投资的时候，应该尽力寻找与其投资策略相匹配的"最佳组合"来当作基准。

你可能会问，为什么我对基准如此重视？为什么金融分析师都使用基准？因为在和其他竞争对手或者其他拥有同等风险水平的基金进行比较的时候，基准能够帮助投资者确定自己的投资表现。美国有句谚语"不要把苹果和橘子作比较"说的就是这个道理。基准管理遵循同样的道理。把投资新兴市场股票的基金与投资美国大盘蓝筹股的基金相比较是不公平的，因为前者的波动性会更高，所以它应该和其他新兴市场的股票基金或者新型市场指数相比较；后者应该和另一种投资大盘股的基金或投资大盘股指数的基金相比较。将股票基金指数与债券基金指数或货币市场指数相比较也是不合适的，因为它们属于不同的资产类别。

目前，使用最广泛的基准之一是摩根士丹利资本国际指数，它选择了纽约证券交易所的一组蓝筹股票，这些股票在纽约证券交易所的日交易量十分活跃，被行业领先者广泛认可。

另一个在欧洲应用最广泛的基准是欧洲斯托克50指数，它代表了欧洲市场的一组蓝筹股。还有一个很受欢迎的基准是富时500指数，它由英国股市中的一些蓝筹股组成。

几年前，在金融领域有一个热词广受追捧，那就是"绝对回报"，是指不考虑基准，只考虑尽可能最大限度地提高收益。虽然用"绝对回报"来描述基金设立目标或者产品目标，听起来让人兴奋不已，但最后很多"绝对回报"基金还需和一些常用指标进行对比,从而更客观地判断其业绩好坏。对冲基金业绩的好坏由"绝对回报"的高低来决定。"绝对回报"型基金经理多具有卖空、使用杠杆和投资产品高周转等特点。

一、基准在投资中的应用

基准是衡量投资成败的一个标准。它可以用来表示一组特定证券的平均绩效。根据已经公布的指数或者针对特定的投资策略精心安排,基准可以用来建立模型。基准是投资者可以评估个体资产表现的标准,也可以用来评估整体的投资组合。如果没有一个基准作对比的话,我们是很难去全面判断一个投资组合的成败的。

基准通常有三个基本用途:

第一,基准让投资者可以追踪特定资产类别的平均回报率。

第二,基准可以让投资者比较类似的资产类别中不同基金经理的历史表现,投资者也可以更好地听取专业财务顾问提出的建议。

当你跟自己的投资顾问交流时,请设定合理的投资预期,千万不要抱有不切实际的幻想,比如"我希望每年有20%的投资回报,投资还要保本,还要没有风险"。

第三，基准为投资者提供最实用的基础信息，更好地构建投资组合，选择交易所交易基金。

投资者在选择合适的基准时可以考虑以下几点：

拟定的基准能否代表自己感兴趣的那个资产类型？

此基准的实用宽度和深度范围有多大？它的涵盖范围是否足够广泛？

此基准中包含多少不同类型的股票？

此基准的构成部分是什么？它又是按何种原则组建的？

此基准是如何加权的？

……

基准通常根据所属类型、地理位置、规模、行业、投资风格或者某种特定的金融资产类型的到期状况而分为不同种类。

以下是我个人的观点：

1. 按金融资产类型区分基准

基准可以按照金融资产类型分为：股票基准、债券基准和其他资产类别基准。

股票基准通常按市值大小、地理位置、行业和投资风格细分。

债券基准通常分为企业债券基准、政府债券基准、可转换债券基准、资产支持债券基准、市政债券基准等。

每个资产类型都有自己的基准。因此,你可能看到房地产投资信托基金、货币、大宗商品、衍生产品、黄金和对冲基金等都有自己的基准。

2. 按地理位置区分基准

基准可以按照地理位置分为以下几个类型。

全球基准:它们衡量包括美国在内的几个发达国家市场的资产表现,如摩根士丹利资本国际世界指数和摩根士丹利资本国际所有国家指数。

国际基准:它们衡量美国以外的大多数发达国家的资产表现,如摩根士丹利资本国际欧洲指数、摩根士丹利资本国际澳大利亚指数和摩根士丹利资本国际远东指数。

新兴市场基准:它们衡量新兴经济体市场的资产表现,此类市场一般包括亚洲、拉丁美洲、新兴欧洲国家和南非，如标准普尔新兴市场指数和摩根士丹利资本国际新兴市场指数。

区域基准：它们帮助投资者跟踪世界上某个特定地区的资产业绩，如摩根士丹利资本国际欧洲指数、摩根士丹利资本国际亚洲指数、道琼斯亚洲指数和道琼斯拉丁美洲指数。

国家基准：它们衡量一个特定国家市场的资产表现，如标准普尔500指数、道琼斯指数、摩根士丹利资本国际阿根廷指数、摩根士丹利资本国际智利指数、海峡时报指数（在新加坡）和日本东证指数。

3. 按资产规模区分基准

基准也可以按资产规模进行分类，其中，按股票市值规模来分类是最常见的方法之一。按股票市值规模分类的基准可以衡量在特定规模范围内资产的业绩表现。

大盘股：市值超过100亿美元的公司股票；

中盘股：市值为20亿美元至100亿美元的公司股票；

小盘股：市值为2.5亿美元至20亿美元的公司股票；

微市值：市值低于2.5亿美元的公司股票。

4. 按行业区分基准

行业基准，有时也被称为"业界标准"，它们衡量的是某一个特定行业的资产表现，如电信、金融服务、零售、汽车和耐用消费品等。行业基准也可以通过地理位置再进行细分，如针对欧洲汽车工业或中国电信业等特定领域的行业基准。

5. 按投资风格区分基准

在今天，提到股票投资中的价值股或成长股的概念，大家都应该十分熟悉了。因此，投资风格型基准可以衡量股票在这些方面的业绩表现。

例如，价值基准可以衡量那些被市场低估的股票表现。通常这些股票的市盈率和市净率低于所有公司的平均市盈率和市净率。成长型基准衡量的是预期将快速增长的企业股票，因为此类公司的收入会不断增加，或者具有特殊的市场地位。在通常情况下，成长型基准股票的市盈率和市净率会高于市场平均水平。当然，其他类型的投资风格基准也会存在。此外，混合基准通常是指基准成分股中既含有价值型基准股票，又含有成长型基准股票。

6. 按资产到期状况区分基准

按资产到期状况进行分类也是一种基准分类方法，并广泛应用于债券市场。例如，长期债券基准可能适用于到期日超过十年的债券，而中期债券基准一般适用于两年到十年期的债券。

二、如何评估基准的实用性

一般情况下，一个好的基准应包含以下特点。

◆ 清晰和透明：指基准中的证券名称及其相对应的权重必须十分清晰和明确。

◆ 投资可行性：指基准包含的证券必须是能够在市面上购买得到的。

◆ 价格/净值：每日数据都可查询。

◆ **历史数据**：必须能够提供历史数据，以便投资者能够衡量历史收益表现。

◆ **变动率低**：指数范围内所选择的证券不会经常变动，因为经常变动会让投资者很难决策如何进行资产配置。

◆ **事先存在**：基准在评估开始之前就应当存在于世，而不是临时创造的。

◆ **风险指标**：应定期公布基准的风险指标，以便让投资经理能够将当前的投资组合风险与已知的基准风险进行比较。

归根结底，选择基准是衡量业绩的一个重要方面。

第九章 金融标杆——基准

金 句

1. **选定一个基准来评估每年的投资组合收益水平，是非常有帮助的。**这样做能在市场有波动的时候，通过基准来评估投资组合的表现，让投资者不用惊慌失措。

2. **基准可以让投资者比较类似的资产类别中不同基金经理的历史表现，**投资者也可以更好地听取专业财务顾问提出的建议。

3. **基准是衡量投资成败的一个标准。**它可以用来表示一组特定证券的平均绩效。

思 考

1. 进行投资时，使用指数的优点是什么？

2. 市值超过100亿美元的公司属于大型股、中型股还是小型股呢？

3. 北美股市最为通用的指数是哪一个？

4. 欧洲股市最为通用的指数是哪一个？

5. 投资日本股市时，投资者应当关注哪一个指数？

第三编

如何进行未来投资

PART THREE

第十章
家族财富传承

要记住,人死的时候什么都带不走!

——《圣经》第 49 章

你知道吗？

虽然家庭遗嘱的起源可以追溯到罗马帝国时代，但是它在19世纪英国普通法体系下发生了巨大的转变。此前，财富主要是指土地，工业革命时期，财富开始转变成更具有流动性的资产。原来的土地贵族的政治权力转让给了新兴的富有阶层，同时也设计了符合他们需求的法规，方便他们将财富转移给后代或慈善机构。

第十章 家族财富传承

20世纪90年代初期,当时我是一名年轻的职员,就职于亚洲国际银行的一家支行。有一天,一对兄妹来到我们银行,他们大概20多岁,想咨询关于他们母亲的私人账户的事情。我了解后得知,几天前,他们的母亲在一次飞机失事中不幸丧生。对于这个家庭来说,这是一个非常艰难的时刻。面对如此悲痛欲绝的家属,我们银行职员也感到非常痛心。

当这对兄妹开始询问他们母亲的私人银行业务细节的时候,我们不得不拒绝他们的大多数要求。因为,银行保护客户业务信息是财富管理的一个重要方面。事实上,很多国家的法律规定,银行在没有得到账户持有人授权的情况下,擅自将其银行业务细节泄露给银行以外的任何人都是严重的违法行为。

几天后,那位失去妻子的丈夫来到我们办公室询问妻子的私人账户情况。这时,我们注意到丈夫和妻子的关系并不和谐,已经分开生活很长一段时间了,孩子们似乎也与父亲疏远了。然而,因为银行保护客户业务信息的原因,我们拒绝了孩子们的要求,同样也不能回答丈夫的问题。丈夫在没有得到妻子授权的情况下,无权询问银行其妻子账户的任何信息。我们的管理层随即做出了决定,即"冻结"该账户,直到我们可以从权威的司法机关获得关于这位已故女士的合法遗产继承人的信息。

这段插曲听起来很不寻常,却是一个真实的故事。几个月后,我们银行收到了法院文件,上面列明了谁是这位女士财产的合法继承者,以何种方式以及如何接受这笔遗产。在此之前,任何家庭成员,无论情况多紧急,都不能触碰这位已故女士的财产。将家庭资产转给合法继承人的过程通常称为"遗产审核期"。

第十章 家族财富传承

其实，只要这位女士在生前根据一些基本的步骤制定遗产规划，那么，后续这些问题就可以轻松避免。

如今，遗产规划是一个不断发展的行业。其中一部分原因在于，许多国家的政府试图从家族遗产中获得更多的税收。在这一章中，我将介绍构建遗产规划的技巧问题。为了更好地理解财富传承和规划方法，让我们先介绍一下家族财富传承的基本工具——家庭遗嘱。然后，我们将讨论三个非常基本的遗产规划技巧，以确保家庭财富从一代家庭成员顺利转移到其他家庭成员或指定受益人。

一、家庭遗嘱

遗嘱是立遗嘱人关于如何分配财产的法律文件，并指定一个或者多个遗嘱执行人，管理遗产直到最终分配完毕。

虽然家庭遗嘱能帮助家庭财富从一代人传递给另一代人，但大多数拥有超过100万美元财富的家庭会设计更加正式的传承架构，尽可能地确保财富以高效和正规的法律形式传递给下一代。对于那些坚持只依靠家庭遗嘱文件传承财富的家庭，我建议在每个有家庭资产（房产、证券和现金）的国家或者地区都创建至少一个遗嘱文件。这一点很重要，因为立遗嘱人生前居住在一个国家或地区，而家庭资产在另一个国家或地区，那么另一个国家或地区的资产的所有权有可能不会转让给其他人，直到当地资管机构接收到来自逝者居住地的法院裁决。这会在家庭遗嘱的认证过程中造成不可预测的拖延和低效。

因此，对于希望避免家庭遗嘱认证低效和受地区法律约束的家庭来说，非常有必要考虑其他有效的法律架构，确保家庭财富以期望的方式传递给下一代。

二、家庭基金会

基金会的设立通常与发生在习惯使用"民法"（也称为《拿破仑法典》）的国家或司法管辖区的财富转移有关。民法是一种主要在欧洲大陆国家占

第十章 家族财富传承

主导地位的法律体系,它起源于1799年至1815年拿破仑统治时期的法律传统。"民法"与"普通法"截然不同,后者通常与英国和以前英联邦国家的法律体系相关。基金会除了为基金创始人设立财富传承的原则以外,还可以作为银行账户的持有人进行运作,在基金会的业务范围内管理资产。

家庭基金会的基本组成部分包括创始人、基金董事会成员、基金会的顾问和基金会的受益人。创始人通常是拥有财富的个人或家庭。创始人指导法律专业人员建立信托程序,如果创始人不幸死亡或者失去行为能力,法律专业人员就会按照基金会精神,将家庭资产顺利转移给指定的受益人。通常情况下,受益人就是家庭成员,但实际上,受益人也可能是其他个人以及创始人视如珍宝的慈善事业。基金会主要的目标就是代表创始人顺利完成家庭资产的转移交接,避免财产认证交接过程中的延迟和障碍。

家庭基金会通常由创始人指定的董事会成员组成,在创始人本人丧失行动能力的时候,董事会成员确保基金会将遵循创始人的意愿行事。基金会的董事会通常包括2~4名成员，在创始人去世后，他们的责任变得至关重要。

家庭基金会通常会有一个顾问，指导基金会持有资产的投资。一般来讲，这些资产可以存放在一个或多个银行账户中。顾问在确保财富传承和规划顺利进行的过程中，可能发挥着重要的作用。

相比其他财富传承规划结构，在普通法管辖区内建立的家庭基金会的优势在于，创始人在构建投资规划和资产的使用方面有更多的话语权。然而，当涉及不可撤销的问题时，和家族信托比起来，家庭基金会可能稍有劣势，因为家庭基金会的撤销会更加麻烦，往往费用也比家族信托高一些。

建立家庭基金会最常见的注册地是卢森堡，它位于欧洲西部，坐落在法国、德国和比利时之间。但是，这并不意味着创始人必须前往卢森堡设立基金会。通常情况下，只要私人银行家或者资产的合法所有者在场的情况下，签署文件即可建立家庭基金会。

家庭基金会由以下各部分组成（见图10-1）：

第十章 家族财富传承

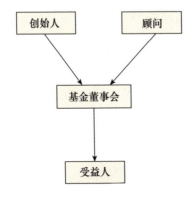

图10-1 家庭基金会的组成

◆ 创始人——财富持有者，并想把财富转移的人。

◆ 顾问——通常由创始人直接任命，来管理基金和基金董事会。

◆ 基金董事会——通常由2~4人组成，其责任是在创始人去世后，确保基金财产转移给创始人指定的受益人。

◆ 受益人——创始人指定的个人或者机构，最终会被赋予所有财产。

三、投资组合型保单

许多投资者明白,家庭保险是非常有用的,比如,重疾险、医疗险对家庭成员能起到重要作用。许多投资者也理解,持有人寿保险的重要性,它可以在投保人突然去世的时候,留给其他家庭成员一笔丰厚的保险金。

然而,保险也可以作为一种非常好的财富传承规划的工具,通常称为"投资组合型保单"。在过去二十多年,投资组合型保单是非常可靠的,并且是应用普遍的财富传承规划方式。这种规划通常的做法是,父亲、母亲或两人联合作为资产的所有者,购买一份保单并成为"保单持有人",将资产传承给后代。

在构建投资组合型保单的过程中,其他的关键因素包括保险公司(承保人)和一份特殊的保险合同,这种保险合同属于"隔离式"保险合同。所谓"隔离"的意思是这张保单下的资产根据保险合同的规定被隔离出来,或者不与其他保险合同的普通资产混合在一起,以确保资产最终转移给受益人,而不是放置在保险公司直接持有的相同资金池中。

投资组合型保单中另一个关键因素是审计员。指派一名独立的审计员非常重要。首先,他每年要确认保险组合中的资产不与保险公司自己直接管理的资产相混淆。其次,审计员要确保投资组合型保单内的资产没有过度暴露于风险之下,而是谨慎地投资于健全的金融工具和策略中。最后,审计员还要确保财产被转移给保险组合规划中指定的其他家庭成员或者慈善机构。

在保险合同形成之后,投保人可以选择指定保险受益人。受益人将会成为保险合同的财富继承人。在家庭基金会或者家族信托中,受益人即财产继承人通常是家庭成员或者亲属。但是,在投资组合型保单形式下,投保人也可以指定其他人员或者慈善机构成为保险合同财富的受益人。

投资组合型保单在过去的二十多年非常流行,很多投资者选择此种形式作为遗产规划形式。这些投资者通常喜欢保险合同的灵活性和操作方式,因为它像银行账户一样操作方便。

相比于简单的家族信托,投资组合型保单的构建成本和维护成本略高。但是,近些年来,由于许多投资者喜欢投资组合型保单构建的灵活性和运营的高效性,投资组合型保单已成为财富传承规划的首选工具。

构建投资组合型保单最常用的注册地是海峡群岛,位于英国海岸外的一片不大的领土上,那里采用普通法的法律系统。

投资组合型保单由以下各部分(见图10-2)组成:

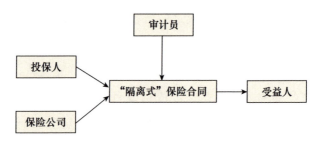

图10-2 投资组合型保单中不同主体的作用

◆ 投保人——拥有大量财富的个人,希望用保险组合的方式来实现财产传承。

◆ 保险公司——承保人。

◆ "隔离式"保险合同——由一个保险机构提供的保单。这份保单既不能被承保人用于抵押,也不能与保险公司其他资产混合。

◆ 审计员——独立的一方,每年通过审查保险合同和保险公司,确保投保人的财产保持安全无负债的状态。

◆ 受益人——投保人去世后,被投保人指定享有投保人资产的机构或个人。

四、家族信托

在过去的半个世纪里,家族信托是最常用的遗产规划形式。家族信托与英国"普通法"管辖区相关,当财产持有人(我们称之为"委托人")通过"信托契约"文件的形式,将他的财产遗赠给信托公司(我们称之为"受托人")时,家庭信托就产生了。在资产合法转移给信托公司后,资产将由信托公司持有并合法地转移给指定的财富继承人或者慈善机构。

在信托文件或者信托契约中,财产委托人可以指定受益人。

家族信托是将财富传递给慈善机构和亲人最广泛的一种遗产规划形式，构建和操作的便利性是它吸引人的主要特征之一。

这种结构中的关键角色是"委托人"，本质上委托人是推动整个财富转移或传承的人。委托人将资产转移给受托人，受托人将会保留对资产的法律支配权。受托人一般是大型私人银行的信托子公司。然而，近些年来由于害怕遭到政府诉讼，许多大型银行已经剥离或缩减了信托公司的业务。因为从全球趋势来看，许多政府要对离岸或者跨境的资产进行征税。

在信托合同的具体条款中，委托人明确指定"受益人"。除了这些主要参与人外，委托人通常还会选择一位非常信任的人担任"信托保护人"。通常，这个保护人会是另一名家庭成员、亲戚或亲密的朋友，甚至是信赖的私人银行家。保护人的责任是确保在委托人去世后，将委托的财产转移给约定的信托受益人。

家族信托的参与人角色如图10-3所示。

第十章 家族财富传承

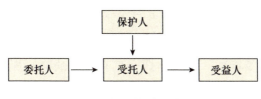

图10-3 家族信托参与人角色

最广泛使用的家族信托的国际注册地包括泽西岛（位于诺曼地半岛外海20公里处，是英国皇家属地）、巴哈马、新西兰和新加坡。20年前，泽西岛是首屈一指的建立家族信托的注册地。然而，近些年来，那些实行普通法法律体系的其他司法管辖区，也变得越来越受客户认可。

2016年，许多国际私人银行开始实施"共同申报准则"（Common Reporting Standard，CRS）[①]，该准则得到了112个国家的支持，但是，特朗普政府领导下的美国并没有参与。这使得许多国际投资者来美国注册信托和寻求资产保护。美国大陆的一些州成为实行家族信托保护的司法管辖区，如怀俄明州、内华达州、特拉华州、阿拉斯加州和南达科

---

① 共同申报准则：又称"统一报告标准"，该准则旨在推动国与国之间税务信息自动交换，目前正循序渐进地在各国实施。

他州。任何有信托需求的人都应该及时了解家族信托新的司法管辖区的发展情况。

多年来,家族信托一直有一个缺陷,那就是不能将信托作为抵押品来为委托人融资。因为普通法规定,受托人最神圣的职责就是保存信托中的财富,并确保完整地将其传承给合法继承人或指定受益人。因此,作为投资账户的信托资产通常比家庭基金会或家庭保险组合规划,在资产投资上有更多的限制。

延伸阅读

中国财富传承规划的再思考

在过去几年,许多金融投资者对中国遗产规划进行了深入研究。研究表明,银行家、经济学家和政府监管者都已经参与到慈善和财富传承规划的事业中来。政府是否应该承担慈善投资中最大的一部分?或者,私营企业家是否应该更积极投身于慈善事业,并做出相应的贡献?这都是值得大家讨论的话题。

第十章 家族财富传承

全球财富积累趋势表明,亚洲新百万富翁的年增长率在未来几年可能超过北美。在中国,新百万富翁群体更是以亚洲最快的速度在不断发展。而且,更令人印象深刻的统计数据是中国慈善事业的不断增长。凯捷咨询公司(Gapgemini)和苏格兰皇家银行(RBS)密切关注慈善事业,它们的研究报告显示,中国将近90%的企业家认为慈善事业"非常重要"或"极其重要",在全球排名第二位。中国企业家们越来越多地投身于慈善事业,他们投资的慈善事业主要集中在健康和疾病防治、教育和儿童福利等方面。

金 句

1. **遗产规划是一个不断发展的行业。**其中一部分原因在于,许多国家的政府试图从家族遗产中获得更多的税收。

2. 对于**希望避免家庭遗嘱认证低效和受地区法律约束的家庭来说**,非常有必要考虑其他有效的法律架构,确保家庭财富以期望的方式传递给下一代。

3. 家庭基金会的优势在于,**创始人在构建投资规划和资产的使用方面有更多的话语权。**

4. 很多投资者选择"投资组合型保单"的形式作为遗产规划形式。**这些投资者通常喜欢保险合同的灵活性和操作方式,因为它像银行账户一样操作方便。**

5. 家族信托是将财富传递给慈善机构和亲人最广泛的一种遗产规划形式,**构建和操作的便利性是**它吸引人的主要特征之一。

》思 考

1. 创建家族基金会的人是谁?
2. 在家族基金会文件中出现的最为重要的人是谁?
3. "隔离式"保险合同通常与哪种遗产规划联系在一起?
4. 遗产规划中信托保护人的定义是什么?
5. 家庭基金会产生于哪个法律体系之下?

PART THREE

第十一章
兴趣投资

情人眼里出西施。

——中国谚语

你知道吗？

在葡萄酒产业历史上，最有名的葡萄酒品牌之一就是拉菲酒庄，它通常被称作"葡萄酒之王"。拉菲酒庄建立于17世纪，坐落于法国波尔多市西南部的吉伦特河畔。当初赛古尔家族在该酒庄的土地上种下了第一批葡萄树，不过他们很快在18世纪的法国大革命期间失去了酒庄的所有权。到了1868年，詹姆斯·罗斯柴尔德买下了拉菲酒庄，不久后他就去世了。之后，拉菲酒庄由他的后人们传承了好几代。实际上到了今天，最初的罗斯柴尔德五兄弟的后人，还拥有着另外两个著名的葡萄酒品牌：一个是木桐酒庄，此酒庄在19世纪50年代被内森·罗斯柴尔德（詹姆斯之兄）的儿子收购。木桐酒庄生产的红酒近些年在它的女领导人菲利萍·罗斯柴尔德手中大放光彩。如今她的子女们掌管着木桐酒庄葡萄酒产业。另一个是克拉克酒庄，由埃德蒙·罗斯柴尔德购于1956年。该酒庄也坐落在波尔多附近。今天的克拉克酒庄由埃德蒙之子——本杰明·罗斯柴尔德负责管理。

第十一章 兴趣投资

在快速发展的当代社会,如果人们不涉足包括艺术品投资和葡萄酒投资在内的兴趣投资[①],就不算对投资研究和资产管理有全面了解。用"兴趣"来形容这类投资,是因为这类投资者对艺术品或葡萄酒等商品有特别的情感偏好。同其他资产一样,投资者要客观评估兴趣投资的优缺点。这类资产的优点之一是随着时间的推移而不断升值,而且它们与全球资本市场的相关性很低。但其缺点是,这类资产的流动性并不像传统的货币、债券和股票等资产那么强,而且有的时候其回报率并没有人们期望的那么高。接下来,我们分别对艺术品投资和

---

① 兴趣投资:作者原文为Exotic investment,这里译为兴趣投资,是指投资者对某类特殊资产有情感偏好的投资。——译者注

葡萄酒投资进行介绍和分析。

一、艺术品投资

鉴于艺术品惊人的售价,近些年来艺术品投资的热度日益高涨。在过去几年里,我们频频看到各种关于艺术品的新闻头条,如某一艺术品的最新售价已经打破了之前艺术品的价格记录等。2018年年初,由达·芬奇(Leonardo Da Vinci)在1500年前所作的著名绘画作品《萨尔瓦多·蒙迪》(Salvador Mundi)(见图11-1),最终以4.5亿美元被来自阿布扎比的购买者拍走。数据显示,2018年全球艺术品市场总销售额达到674亿美元。由此可见,艺术品行业的增长及发展趋势是值得关注的。

另一个重要的趋势是,艺术博物馆的数量正在急剧增加。1990年到1999年,全球新建的艺术馆有30个。自2000年以来,又有一百多个新建或者预计完成的艺术博物馆,增长率超过300%。

艺术品的销售趋势似乎与全球财富增长趋势是一致的。艺术品和百万(美元)富翁的分布都

第十一章 兴趣投资

图11-1 著名画作《萨尔瓦多·蒙迪》

在2000年前后发生了巨大变化。2000年,百万富翁的人数远远少于现在,其中96%的富翁来自发达经济体。而麦肯锡的研究报告指出,2000年以后,新增的百万富翁中的绝大多数来自新兴市场国家(或地区)。

虽然2018年艺术品的实际销售额比上一年增加了6%，但是艺术品的销售数量却有所下降。这个趋势在过去10年日益显著，10年间艺术品总销售额增加了9%，而销售数量却下降了9%。2018年价格在100万～500万美元的艺术品销售上升了17%，500万美元以上的艺术品销售额则上升了7%。在全球范围内，三大市场占据了艺术品销售额的85%，它们分别是美国（占全球销售额的44%）、英国（占全球销售额的22%）和中国（占全球销售额的19%）。

那么，进行艺术品投资时需要考虑哪些重要的因素呢？

1. 了解细分市场

从实用的角度看，了解艺术领域的各个细分市场非常重要，它会直接影响投资品的价值。

艺术品分类如下：

- ◆ 战后及当代艺术
- ◆ 现代艺术
- ◆ 印象派和后印象派艺术

◆ **古代大师艺术（包括欧洲古代大师艺术）**

战后及当代艺术是当今艺术领域覆盖范围最大、最活跃的领域。在过去的20年里，很多新建成的艺术馆都是以战后及当代艺术为主题。统计数据显示，这个领域艺术品的市场投资回报率（ROI）最高，年平均回报率超过20%。2018年，战后及当代艺术作品占艺术品拍卖市场的一半份额，达到了720亿美元。

现代艺术目前占据艺术领域的第二大市场份额，占艺术品总销售额的23%和总交易数量的约29%。据统计，在新建的博物馆里，超过一半展示的都是现代艺术。

不管个人投资者喜欢什么类型的画家和绘画风格，了解战后及当代艺术和现代艺术作品的优势，对个人兴趣投资都是非常有帮助的。

2. 了解艺术行业每个细分市场的流动性

闻名世界的斯卡特艺术市场研究组曾指出，价值在500万美元以上的前1000件艺术作品中，超过三分之二的作品创作于过去的100年。为什么呢？

这主要与它们的高流动性（即重复出售的能力）有关。同时，这些作品具有持有时间短、投资回报率高的特点。

在食品行业中，对于库存过多的商家，美国有一句俗语为"如果你不能卖掉库存，就可能会闻到它们的味道"，这句话同样适用于艺术品投资。

投资艺术品时，人们除了享受其带来的满足感之外，还应该考虑它的变现能力，以满足投资的流动性。如果有人打算将珍贵的艺术品传承给下一代，那持有者更应该仔细考虑艺术品的变现能力。

首先就要仔细分析艺术品在世界范围内的购买和销售情况。截至2016年，艺术画廊仍然是购买和销售艺术品最重要的渠道，约占全部艺术品总销售额的51%，艺术博览会约占总销售额的41%，网络销售约占总销售额的8%。非常有趣的是，相关数据显示，通过艺术博览会和网络购买艺术品的情况呈现增长趋势。

自2010年至2019年，艺术博览会的销售额增长了57%，网络销售艺术品每年约增长4%，在2019年达到了59亿美元。①网络销售已经成为新客户接触艺术品的重要途径，在2016年有超过一半的艺术品订单是来自从未去过艺术馆或者从未在拍卖现场出现的新客户身上的。

另一个有趣的统计数据是，在高价值（超过100万美元）艺术品的销售中，2016年公开拍卖的销售份额同比下降了26%，这是从2006年到2016年，拍卖销售额持续增长73%后，首次发生的大幅下降。

3. 理解艺术世界中"溯源"的概念

在艺术领域，艺术品的溯源非常重要，它包括艺术品创作的年代、艺术家和作品主题等详细信息。溯源可以准确地证明艺术品是真的，没有被改变或者伪造过。溯源的提供增加了艺术品的价值，并且对艺术品二次销售具有重要意义。

关于艺术品的溯源，这里讲一个有趣的故事。在第二次世界大战初期，纳粹德国军队冲入法国，占领了首都巴黎，抢走了数以千计的艺术

---

① 资料来源：《巴塞尔艺术与瑞银报告》（An Art Basel & UBS Report）。

品。其中一件是17世纪荷兰艺术家约翰内斯·维米尔（Johannes Vermeer）创作的《天文学家》（The Astronomer）（见图11-2）。该作品被盗前收藏于罗斯柴尔德家族的住宅中。恰巧这件作品是阿道夫·希特勒的最爱，之后被带到了德国。第二次世界大战的最后几年，在对抗德国的大潮中，盟军组建了一支特

图11-2 约翰内斯·维米尔的著名画作《天文学家》

别的突击队,突击队的士兵精通艺术史,他们的主要任务是尽最大的努力寻找被盗的艺术品。这个故事在罗伯特·埃塞尔的《古迹卫士》一书中有所描述,后来被导演兼演员的乔治·克鲁尼拍成了同名电影。

《天文学家》这幅画在第二次世界大战的最后几个星期才被盟军发现。由于希特勒对它的迷恋,这幅画的"溯源"很容易被证实,也最终归还给了罗斯柴尔德家族。

4. 在艺术品投资中应分配多少个人财富

艺术品投资应该占据个人财富多大的比例,调查结果不尽相同。但是,大部分投资者通常会拿出个人财富的1%~10%左右。除非是将艺术品作为遗产的特殊投资者,一般投资者将大部分财富投资于艺术品是不明智的。

在很多大的国际银行,其营销团队中会有艺术品专家的身影,甚至成立专门的艺术品投资部门。如果有人正在考虑艺术品投资、出售艺术品,或者突然继承了一件艺术品,可以先到这样的银行咨询一下。一般情况下,这些银行可以提供免费咨询服务或者收取极少的咨询费,却提供极具价值的投资建议。

关于艺术品投资,20世纪90年代初,我身边就发生过一件有趣的事情。当时有一位叫朱明的中国雕塑家,是一位刚崭露头角的年轻艺术家。碰巧,他是我们办公室秘书的一个好朋友。在那一年年终的时候,我们喜欢的总经理因为接手新的项目,即将离开银行。办公室的同事决定为他举办一场欢送会,所有员工达成一致送给总经理一件朱明的雕塑品。办公室在场的100多名员工,共筹集了18000美元购买了这份礼物。20多年过去了,艺术家朱明发展得非常好,我们送给总经理的临别礼物已经大幅升值,超过了100万美元。可见,随着时间的推移,投资一个好的艺术品会带来丰厚的回报。

二、葡萄酒投资

传说最昂贵的一瓶标准瓶装葡萄酒来自拉菲酒庄,它产于1787年,最早由美国第三任总统托马斯·杰斐逊收藏。1985年,美国出版商马尔科

第十一章 兴趣投资

姆·福布斯出价16万美元将其买走。福布斯可能从来不喝酒,因为用于饮用的优质葡萄酒的寿命一般不超过50年。

自从葡萄酒成为一种可投资资产,它就迅速吸引了大批追随者。像艺术品投资一样,随着时间的推移,葡萄酒投资有极好的升值空间。记得在2008年,一瓶拉菲葡萄酒吸引了整个行业40%的投资者的关注。葡萄酒投资的另一个优势是:它还具有实用价值,你在经历了疲惫的一天后,还可以将葡萄酒一饮而尽,享受其美味。

但是,葡萄酒投资并不一定适合每一位投资者。它的第一个缺点,也是最大的缺点就是具有"流动性风险",即变现能力比较差。你一旦投资了葡萄酒,就应该长期持有。在2008年金融危机后,投资葡萄酒的共同基金业绩普遍表现很差,甚至很多葡萄酒基金都破产了。

葡萄酒投资的第二个缺点,就是具有"伪造风险"。在行业中,经常发生欺诈事件,像拉菲等享有盛名的葡萄酒经常会被假冒。购买优质葡萄酒时,寻找可靠的经销商或者渠道非常重要,至少这些经销商和渠道能够确保葡萄酒的溯源和成分真实可靠。

葡萄酒投资的第三个缺点是具有"储存风险"。如果储存不当,不仅会破坏葡萄酒的品质,也会降低葡萄酒的投资价值。

如果你真的决定进行葡萄酒投资,我给你一些有用的投资建议:

1. 持有葡萄酒至少 7 ~ 15 年

葡萄酒投资通常是一个长期投资。它很少被视为流动性高的资产而被快速买卖,而且值得投资的好葡萄酒少之又少。世界上每年都有大量新的葡萄酒生产和供应,其中只有约1%的葡萄酒是值得投资的。坦白地说,各种不确定的可能性都强调了一个事实:葡萄酒投资并不适合每个人的风险偏好。

2. 了解投资葡萄酒的方法

一种投资葡萄酒的方法是购买葡萄酒债券,也就是葡萄酒还留在葡萄酒生产商的酒庄仓库中。这就意味着投资者不需要支付"关税"和"增值税"。

一旦投资者持有瓶装葡萄酒,投资者自然就要承担相关的费用。如果投资者卖出葡萄酒债券,也不需要支付相关税收。大部分有经验的葡萄酒经销商会尽力向投资者销售或者回购葡萄酒债券。因为这样,经销商就可以收取10%左右的佣金,并且按箱(12瓶)收取一部分葡萄酒储存费。

另一种投资葡萄酒的方法是投资"期酒",也称为投资葡萄酒的期货。这种情况是,投资者购买的葡萄酒仍然在桶中,一般在正式上市前的2~3年发放期货。购买葡萄酒期货的好处是,人们可以以较低的价格购买葡萄酒,但风险是人们不能确定最终产出的葡萄酒是否具有高品质和高价值。影响葡萄酒品质的因素有很多,它比购买蓝筹股更为复杂,因为任何一年都可能是葡萄酒品质很普通的一年。

还有一些葡萄酒投资者自行购买并储存葡萄酒。这样,投资者可以完全控制葡萄酒资产,更具有安全性,同时也可以随意消费,但缺点是首先要纳税。如果投资者没有或者没有足够的储存设施来储存葡萄酒,那么贸然购买葡萄酒进行投资是非常不明智的。其最大的风险是,破坏了葡萄酒的品质,从而降低了葡萄酒的价值。在购买葡萄酒进行投资后,投资者还可能需要购买保险,以保证葡萄酒的价值。

还有一种葡萄酒投资的方式就是购买葡萄酒基金。今天,市场上有很多专注于葡萄酒投资的共同基金。正如前文所述,在2008年次贷危机之后,很多葡萄酒基金被迫关闭。但是,仍然有一些基金公司有较强的偿付能力,直到今天仍然运营良好。投资葡萄酒基金的好处是,人们可以通过精通葡萄酒价值的专业经理人来进行投资。一般情况下,购买葡萄酒基金的最小投资额可以是10000美元,基金经理每年收取1.5%的管理费。

3. 了解优质葡萄酒的价值

葡萄酒投资的常用基准,是1999年由伦敦国际葡萄酒交易所(The London International Vintners Exchange)建立的Liv-ex指数(见图11-3)。入选该指数的葡萄酒品种必须获得评酒师的决定性赞誉,并在伦敦国际葡萄酒交易所上具有长期的市场。此外,它们还必须在英国市场上可提供现货,因此,以期酒形

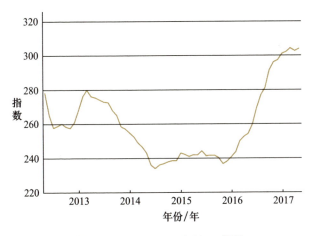

图11-3 2013—2017年Liv-ex指数

式进行交易的最近酿造年限产品不符合入选资格。因为法国波尔多地区的葡萄酒通常是葡萄酒市场上价格最高的,所以该指数中大部分的葡萄酒产自波尔多。此外,这个指数还包括勃艮第、罗纳、法国香槟区以及意大利葡萄酒产区的红葡萄酒。

近些年来,由于中国市场上红葡萄酒和白葡萄酒消费的强劲增长,以及中国境内葡萄园面积的持续发展,位于伦敦的酒类商品分析家指出:未来十年,中国的葡萄酒(或收藏酒)值得关注,或许会在酒类投资资产中占有一席之地。

金 句

1. **如果人们不涉足包括艺术品投资和葡萄酒投资在内的兴趣投资，就不算对投资研究和资产管理有全面了解。**

2. 投资艺术品时，人们除了享受其带来的满足感之外，**还应该考虑它的变现能力，以满足投资的流动性。**

3. **在艺术领域，艺术品的溯源非常重要。** 溯源的提供增加了艺术品的价值，并且对艺术品二次销售具有重要意义。

4. 随着时间的推移，葡萄酒投资有极好的升值空间。但是，**葡萄酒投资并一定适用于每一位投资者。**

5. 葡萄酒投资通常是一个长期投资。**它很少被视为流动性高的资产而被快速买卖。**

》思 考

1. 在艺术品投资领域,"溯源"一词是什么意思?

2. 一般来说,我们建议在投资组合总额中,加入价值不超过多少比例的艺术品投资为最佳?

3. 在进行葡萄酒投资的时候,一般建议的持有时间为多久?

4. 葡萄酒投资领域的常用基准是哪个?是由哪个交易所建立的?

PART THREE

第十二章
未来投资方向——"半杯满"的心态

穷才是万恶之源!

——萧伯纳

(1925年诺贝尔文学奖获得者、爱尔兰剧作家)

你知道吗？

在1982年的马岛战争中，阿根廷使用飞鱼导弹击沉了英国的"谢菲尔德号"驱逐舰，这是英国驱逐舰在第二次世界大战后第一次被击沉，从此飞鱼导弹名气大振。在如今的金融产品中，还没有类似飞鱼导弹——一个极具爆发潜力、攻无不克的产品出现。今天，无论银行或者各大金融机构发行什么样的产品，它在市场上的优势都只是一时的。

第十二章 未来投资方向——"半杯满"的心态

读史明智,历史可以帮我们更好地理解当前的形势变化。在金融行业工作的30年里,我发现金融市场在持续不断地发生变化,金融产品本身也在不断地迭代更新。我非常喜欢用飞鱼反舰导弹举例子。在1982年阿根廷与英国的马岛战争中,阿根廷使用飞鱼导弹击沉了英国的"谢菲尔德号"驱逐舰,要知道这是英国驱逐舰在第二次世界大战后第一次被击沉,从此飞鱼导弹名气大振,它强大的杀伤力和破坏力引起人们的关注。

在我们今天的金融产品中,还没有类似飞鱼导弹——一个极具爆发潜力、攻无不克的产品出现。今天,无论银行或者各大金融机构发行什么样的产品,它在市场上的优势都只是一时的。可能只需短短的几个月时间，其他竞争对手就能发行价格相同或更低的相似产品。而金融产品在不同金融机构的差异性也越来越小。（注意：飞鱼反舰导弹最终也被更有杀伤力的防空导弹超越。）

在过去的30多年，柏林墙的拆除和新技术的大量创新与应用，使得金融市场在加速变化。我们都看到一个明显的趋势，这个世界正在以超出想象、前所未有的速度被连接起来。无论好与坏，我们都必须面对，我们正生活在越来越紧密的地球村中。面对时间和速度的双重压力，越来越多的人想让时钟反转，回到过去，但这是根本不可能的了。今天，信息的交互和资金的流通都以超音速在我们身边进行。

2008年爆发了金融危机，于是有很多历史学家和分析者认为地球村的命运始于1989年柏林墙拆除，结束在2008年的金融危机。相比于现在社会的贫富差距和其他社会问题，2008年的这场危机似乎不是什么急症，但我认为它带给我们的教训是值得反思的。从未来看，它是金融历史上的一个小插曲——一个暂时的停顿而已。

第十二章 未来投资方向——"半杯满"的心态

回顾了这些后,接下来我会从持续国际化投资、丰富的投资资讯和高科技的应用、国际斗争和市场新机遇、全面实现税收和健全税法、个人财富积累的契机等几个方面,来阐述我对未来25年的主要发展趋势的认识。

一、持续国际化投资

在各种有关金融历史的研讨会上,我经常提到柏林墙。1945年第二次世界大战结束后,整个世界进入冷战时期(1945—1991年),分割成两个主要阵营,即以美国、西欧、亚洲同盟国为主的资本主义阵营,和以苏联、东欧等为主的社会主义阵营。虽然在两个阵营之间有一些贸易往来,但比起今天的交易总量来说简直是九牛一毛。1989年,柏林墙的拆除从本质上打破了旧模式,建立了新秩序,从而为全球化贸易提供了无限的可能。经济全球化使得大部分发达国家的物价水平低于冷战时期。在金融领域,全球化加速了金融的深度和广度的扩张,使人们有机会参与到全球范围的投资中。人们能够更加方便地在资本市场自由投资,推动了世界新经济体的发展。

今天,你可以直接找到或者了解到海外投资的机会。你可以直接投资到外汇交易或者外国股票市场,也可以通过美国预托证券(American Depository Receipt,ADR)购买在纽约证券交易所或者纳斯达克股票市场上市的公司股票。我们经常在投资社区开玩笑说,要想抓住20世纪90年代中国经济繁荣的最好机会,就是购买戴姆勒股份公司的股票。为什么呢?因为在那个年代,直接投资中国股票市场非常困难,但是戴姆勒股份公司卖了如此多的奔驰汽车给中国新兴的富人们,根据这个逻辑,买戴姆勒股份公司的股票相当于投资了中国市场。

这些年,我们亲眼见证了反全球化的火苗不断升起,遍布全球的各种示威活动(或者称为"民粹主义"或"本地主义")频频出现。特别是在2016年,英国公投结果出炉,决定退出欧盟[①];"反体

---

① 伦敦时间2020年1月31日晚11时,英国正式"脱欧",结束了其四十多年的欧盟成员国身份。

第十二章 未来投资方向——"半杯满"的心态

制"的候选人唐纳德·特朗普意外当选美国总统；意大利公投失败，总统马泰奥·伦齐辞职，使世界为之震惊。这些右派极端政治候选人以及主张减少交易开放和国际市场通道的左派候选人都在鼓吹，应该减少（而不是增加）贸易开放和市场全球化。发达国家和不发达国家在全球范围内存在的收入不平等差距，使人们对全球自由贸易的好处持怀疑态度。人们很容易理解那些质疑自由贸易和全球化好处的逻辑和观点。

但是，我更倾向于认可新技术和全球化的价值。过去二十多年全球化的大趋势，使全球范围内健康产业、医疗救治水平大幅度提高；人们更具有环境保护意识；无论在发达国家，还是在发展中国家，教育水平都在整体提高。还记得"比较优势理论"吗？在19世纪早期的英国，著名经济学家大卫·李嘉图提出"比较优势理论"，明确指出了全球贸易化利大于弊。当政府实施一定程度的自由开放贸易，经过一段时间的积累，会有助于当地的居民更加方便地购买到物美价廉的商品，享受到更优质的服务。不管是普通百姓还是达官贵人，都可以从中受益。历史表明，那些采取自由国际贸易的国家大都是比较富裕的国家。在接下来的十年里，推行和实施自由贸易可能会遇到一些阻碍。但是，20世纪30年代的经济大萧条和之后的世界大战告诉我们，贸易保护主义不会使我们更加富裕，只会降低大家的生活水平。正因如此，在接下来的25年，我认为全球化趋势不会停止，将会战胜现在正席卷全球的仇外和保护主义的风波。对于投资者而言，自由开放的市场可以让资本投向全球的创新产品和带来丰厚回报的企业。限制资本流动会限制创新和发展，实施严格贸易保护主义的国家，最终获益的是那些特定的缺乏竞争力的企业，而不是那些能够提供好的投资回报率的企业。

二、丰富的投资资讯和高科技的应用

以前，人们只能通过报纸、电视、广播或者电报了解到金融资讯，可能在早餐时间阅读《金融时报》《华尔街日报》，可能会和投资顾问不定期地见面。但是今天，在你的手机或者iPad里，金融市场的信息正在每天24小时滚动播放。你可以直接通过手机自由"进出"金融市场，进行全球交易。技术的应用，使得全球金融市场投资的便利性和效率不断提高。在今天，每个人都可以高效地学习各种金融知识和信息，每个人都可能成为金融专家。

技术的创新及应用也给金融市场带来了极大的冲击，高频交易、算法交易和人工智能等日益突出。这些交易的平台，通常由精明老练、资金雄厚的组织或个人熟练掌握，他们的投研分析能力和信息数据库，比一般投资平台的普通投资者更具优势。这种新型交易平台，目前被许多发达国家的监管者严密监控。在这类平台上，人们不难看到，为了获取短期收益，数以万计的股票每天都在平台上进行交易，进出市场的资金频率极高。收益统计数据显示，其中一部分机构，可以给予投资者较高的回报。然而，此类交易的整体优势仍然是不确定的。在一些国家的市场上发生的停电或者破坏事故，导致此类交易的暂时停止或者完全关闭的情况，近些年发生的次数越来越多。此类交易模式常常中断等风险，会不会导致此类交易失效，抑或破

"每个人都有潜力成为一位金融专家!"

贝塔人的时代:帮助投资的高科技小工具持续发展,带给个体投资者更多的信息。

坏整个金融市场的完整性？监管者、学者和分析家们对此仍然持观望态度。

三、国际斗争和市场新机遇

自亚当和夏娃偷吃禁果开始，我们的世界就充满了冲突。自哥哥该隐杀死弟弟亚伯之时起，民族与宗教、部落与国家之间的各类冲突和战争就从未停歇过。我们不知道战争会在什么时候、什么地方发生，但我们知道战争从未停止过，这是人类的本性。

所以说，做理财规划是一件非常好的事。在我们的一生中，由于可能会遇到恐怖袭击、暴乱或自然灾害等不可预料的事情，所以做好投资的全面规划就显得十分重要。我们应在不同的资产类别中，持续做好多样化配置与调整。请记住，没有任何一种资产是永远回报最高的。

自2016年以来，全球范围内出现了市场危机，这个危机非常突然，同时正不断蔓延并威胁着全球贸易体系。危机主要是从一些大事件开始的，如

第十二章 未来投资方向——"半杯满"的心态

2016年年底特朗普当选美国总统，2016年夏天英国选民投票退出欧盟。这些事件打破了1980年成立的全球贸易共同体和1995年成立的世界贸易组织（WTO）一直稳步开放的贸易秩序。虽然政府部门可以建立贸易壁垒，但不可能在长时间内阻止资金的流动。最终，资金总会遵循最佳回报和公允价值的原则找到自己的出路。非理性的贸易壁垒，既不会阻碍思想，也不会阻碍创新的继续。

商业逻辑似乎一直在支持不断合作和全球化的贸易关系。下面以三个产业部门的创新为例来说明这一点：

- 医疗保健和生物技术
- 社交媒体
- 电子商务

人们相信有必要开展医疗保健和生物技术的持续合作，实现知识共享。上述危机并不能阻止新药物的研究和开发去帮助那些被疾病折磨的人。虽然全球制药和卫生保健公司将继续竞争，但并不会妨碍通过大数据、人工智能和机器人在医疗保健和生物技术领域的合作，因为它可以造福全人类。

诚然，社交媒体是一个敏感的领域，对于个人权利的限制，至今在很多贸易峰会上一直饱受争议。但是，所有人都认为信息的提供者和信息流动对社会是有好处的。世界变得越来越透明，只要有互联网接入，信息的流动就不可能完全停止。

电子商务为出口商、进口商和零售专家提供了前所未有的机会。寻求进入中国的外国品牌商，已经看到了年轻一代的消费者巨大的市场机会。这个市场比世界上一些国家的总人口还要多。电子商务是未来发展的必然趋势，尤其在中国，电子商务在零售总额中所占比例远高于北美或西欧。

所有这些机会都可能会反映在中国的资本市场上。无论是中国生物技术公司在香港证券交易所发行新股，寻求中国和全球的投资者，还是麦当劳、欧洲汽车制造商戴姆勒股份公司这样的西方公司在中国发行人民币债券并寻求募集资金，以促进扩张和发展等，都是如此。在历史上，好的机会在哪里，资金就在哪里。

四、全面实现税收和健全税法

税收与我们的生活息息相关。我们需要公路、桥梁、学校、医院等公共设施;我们需要各级行政人员对公共事务进行管理;我们需要警察维护治安,需要军队抵抗外敌入侵……而这一切都需要政府通过税收得以实现。同时,我希望各国政府在财政收入略有盈余的财政预算体制下,可以实现国家有效运转。但是,现实中许多政府不能公平、有效地向公民征税,这说明我这种理想主义并不容易实现。

税收政策中的漏洞需要不断地修改和完善。今天许多国家的税收之所以这么高,在我看来,一部分原因是在很多发达国家,一些投机的人或狡猾的人雇用精明的会计师和律师,运用各种手段来钻税收政策的漏洞,以达到减少纳税的目的,从而导致普通百姓和中产阶级被迫承受更多的税收负担。如果我们的税法公平合理,并能有效地控制偷税漏税,每个人都依法纳税,那么政府的财政收入就会更加健康和稳定。

如今,世界各国政府在税收方面也变得更加严格。美国是少数几个对公民在全球范围内的资产进行征税的国家。我个人认为,美国国会在2010年通过了《海外账户纳税法案》(Foreign Account Tax Compliance Act,FATCA),是侵害个人隐私的行为,并且有损美国在全球商业和世界金融的声誉。除此以外,由经济合作与发展组织提出的"共同申报准则"(CRS),也在推动国与国之间税务信息的交换。到目前为止,已经在100多个成员国(不含美国)签署并开始全面实施公民信息交换的协议。例如,一个中国人有一天去了英国,在英国某家银行存了一笔大额存款,那么这家英国银行就有义务把这个中国人存款的信息披露给中国国家税务总局,这就是信息交换。

所有的投资者都应该意识到,各国政府正在努力通过双边税收协议、"共同申报准则"或其他征税协议抵制偷税漏税,从而实现全面征税。

五、个人财富积累的契机

在未来的金融市场上,将会有更多的有实力的投资者通过手机、iPad等各种电子设备自由进出金融市场,这就意味着全球范围内的交易量会呈指数级增长。我认为有两个主要因素推着全世界形成更大的财富积累。

1. 新兴市场的持续增长和发展

当前,全球70%以上的国内生产总值(GDP)掌握在十个国家的手中。当然,十强国家一直都有,也会长期占据相当大比例的世界财富,但我预测,新兴市场国家将在全球国内生产总值(GDP)中占比越来越大。显然,这取决于这些国家的政治领导和民主的不断发展是否能使得大量的中产阶级发展起来。同时,发达国家实施自由、公平的贸易政策对这些新兴市场国家也有积极的促进作用。特朗普政府执政初期传出"沙文主义[①]贸易

[①] 沙文主义指的是不合理的、极端的、狂热的爱国热情,觉得本国、本民族优等而其他为劣等。

发财树（*Crassula ovata*）：又名翡翠木、玉树、燕子掌，原生于南非，因其叶片肥厚如钱币，赏心悦目，被大家取名为"发财树"。

政策"的消息时，曾引起全世界的极大关注。在之前的100年里，美国建立了开放市场、自由公平贸易的制度，并且已经制定相关的各类政策。"沙文主义贸易政策"的推出与美国已有的全球政治和经济的影响力并不相符。我们都记得100年前的超级大国是英国，但后来美国取代了英国。如果美国今后放弃了全球领导责任或者经济政策持续退化，我们不知道美国还能不能一直保持它今天的特殊地位。

2. 金融市场的参与主体将大幅度增加

中国今天拥有全球大约22%的人口，但在中国近14亿人口中只有不到15%的人参与股票市场投资，而在美国这一人口比例大约是40%，在法国大约是20%。当然，中国居民参与股市投资的人口比例不可能一夜之间达到美国的水平，但在未来几年大幅度增长是有可能的。要知道，在中国人口中每增加1%的投资者，就意味着约有1400万户新的投资者参与到金融市场中。如果在有13亿人口基数的印度，股票市场的参与主体快速增加，孟买证券交易所的开户量和交易量也可能会呈指数级增长。在6亿多人口的东南亚地区也是如此。

如果没有特殊情况，金融市场将会继续向全球化的深度和广度发展。如果在50年前，一个人除非住在图书馆附近，否则他很难有机会学习到很多金融市场的知识和信息。但是，今天每个人都可以随时了解投资，每个人都有可能成为专家。通过互联网的使用，我们可以了解到金融市场的操作流程，从而自由"进出"金融市场；通过学习金融的相关知识，我们可以种植自己的"金钱树"，在人生的长河里积累属于自己的财富。

第十二章 未来投资方向——"半杯满"的心态

金 句

1. 在金融领域,**全球化加速了金融的深度和广度的扩张**,使人们有机会参与到全球范围的投资中。人们能够更加方便地在资本市场自由投资,推动了世界新经济体的发展。

2. 历史表明,**那些采取自由国际贸易的国家大都是比较富裕的国家。**

3. 限制资本流动会限制创新和发展,**实施严格贸易保护主义的国家,最终获益的是那些特定的缺乏竞争力的企业**,而不是那些能够提供好的投资回报率的企业。

4. 在我们的一生中,由于可能会遇到恐怖袭击、暴乱或自然灾害等不可预料的事情,所以**做好投资的全面规划就显得十分重要**。

5. **电子商务是未来发展的必然趋势**,尤其在中国,电子商务在零售总额中所占比例远高于北美或西欧。

6. 如果美国今后放弃了全球领导责任或者经济政策持续退化，我们不知道美国还能不能一直保持它今天的特殊地位。

7. 通过互联网的使用，我们可以了解到金融市场的操作流程，从而自由"进出"金融市场；通过学习金融的相关知识，我们可以种植自己的"金钱树"，在人生的长河里积累属于自己的财富。

第十二章 未来投资方向——"半杯满"的心态

> **思 考**

1. 1989年拆除"柏林墙"事件发生后,全球贸易的发展是增速的还是减速的?

2. 美国预托证券(ADR)是什么?它背后所用到的指数可能是哪几个?

3. 什么是"比较优势理论"?这一理论与全球化现象有何关联?

4. 全球最有财富的十个国家控制了全球总财富的多少份额?

结 语

罗斯柴尔德家族的
传承核心

结语 罗斯柴尔德家族的传承核心

德国17世纪的哲学家、数学家莱布尼茨了解到中国《易经》中的"阴阳"之说后,惊叹于"阴阳"与自己的二进制理论十分相似。在与朋友的交谈中,莱布尼茨曾感慨地说:"中国人与我们确有相似之处。"

罗斯柴尔德家族发迹于德国的法兰克福,若真如莱布尼茨所言,那么在中国这片沃土上,是否会相似地诞生"中国式的罗斯柴尔德家族"呢?

和谐、勤劳、正直

在我还是一个年轻的私人银行家时,就已经被罗斯柴尔德家族的文化所深深吸引。罗斯柴尔德家族集团标志上有三个词语——Concordia、Industria、Integritas。

Concordia——在拉丁语系代表"和谐",它指的是"用心相处"的意思。罗斯柴尔德家族文化的核心就是家族应该永远为和谐而奋斗的信仰。

Industria——代表的是"勤劳",强调在日常生活中勤劳和有目标的重要性。

Integritas——代表的是"正直",是指一个人做事要有正确的观念。努力工作当然很重要,在工作中正直的品格也同样重要。

多年来,人们一直都在问我,罗斯柴尔德家族到底是如何做到将财富传承很多代的？从17世纪60年代后期开始,罗斯柴尔德家族在德国法兰克福市发迹,到现在其家族财富已经延续六代人以上了。我相信这其中的奥秘有部分是源于老罗斯柴尔德——梅耶·罗斯柴尔德优秀的教育传统。他努力教育子女,强调和谐的重要性,告诉他们要勤奋工作,并且要以高标准的道德观要求自己。

罗斯柴尔德家族集团标志

"富不过三代"

我第一次听说"富不过三代"这句话,是在40年前我刚来亚洲的时候,我曾多次思考过这句话的精髓。在我成为私人银行家之后,尤其是在我效力于罗斯柴尔德家族期间,我对这句话有更深刻的理解和感触。在我多年担任私人银行家的职业生涯中,我与许多富裕的父母沟通过如何给孩子做正确的未来规划,还有教育孩子遵守原则的重要性。

以下就是我给父母们的一点建议:

1. 给孩子最重要的辅导,往往发生在晚饭时间

能给孩子多一些陪伴,比送他们去哪里念书和让他们继承多少财富都要重要。学校可以提供知识和实操技术上的补充,但是一个孩子的人生观、自我价值观和道德理念,却是靠父母在晚餐时一点点建立的。我建议各位父母多抽点时间与孩子共进晚餐,尽可能与孩子多相处。

2. 让孩子寻求核心家庭以外的教育与成长渠道

我年轻的时候，曾在一家富有的美国家族企业打工，我非常钦佩这个企业的老板。这不仅是因为他的财富，而且因为他为三个儿子将来接手这家企业做出了非常详细的规划，让我十分佩服。他给儿子们设立的第一个规定就是：毕业后五年内不准在家族企业里工作。他明确规定，在儿子们没有学好如何为其他人做事之前，他不会给儿子掌管家族企业的机会。其实，这位父亲很明白孩子们应该学会做事谦卑，年轻时接手重任未必是好事。在没有累积一定工作经验之前，孩子进入高管层有可能会影响其他员工。由此可见，让孩子走出家门，在其他的商业环境里接受磨炼，可能是一个更好的选择。

3. 如果你的孩子没有进入名列前茅的学校，没有关系

成功的道路有很多种。一个良好的教育能给你打开许多扇"人生之门"。可是，我建议父母侧重于孩子的情商发展，而不是智商发展。情商代表的是一个人的控制和表达感情的能力。智商是通过测

验成绩来衡量一个人智力水平的高低。这个世界，充满了尚未开发潜能的天才。成功主要是靠决心和坚持不懈的努力。通往成功的道路是多种多样的，没有哪一条路是能绝对通向成功的。

4. 如果你的孩子打算去其他城市上学或去海外留学，不要给他们提供过于优越的生活条件

这不仅可能会让你的孩子与当地人不合群，还容易让孩子处于不利的境地。我来分享一个25年前某个创业家的故事。当他的女儿准备离家去外地念大学，他坚持给女儿买了一辆自行车。即便他完全有能力给女儿买一辆高档汽车，他却不想惯坏她。他的女儿在整个大学期间，一直维持着普通人的身份与生活习惯，并且学会和身边人一样勤俭节约。如今，她已成为一名成功的商业领袖。

5. 巨大的家庭财富，可以让一个孩子的能力变弱，也可以让一个孩子的能力变强

孩子太小的时候还不能体会财富的价值，如果此时轻易获得太多财富，会让他们的能力变弱，而

不是变强！无论是继承财富，还是维护好家族事业和资产，都需要父母和孩子共同努力，没有捷径可走。

罗斯柴尔德家族是如何将家庭财富延续六代以上的呢？

现在，让我们再次回到本结语开头提出的问题，即罗斯柴尔德家族是如何将家庭财富延续六代以上的呢？接下来，我将通过三个方面来一一解释。

1. 有的时候，困难和痛苦是成功的催化剂，而绝不是障碍

我赞成《纽约客》杂志的著名作家马尔科姆·格莱德威尔的一个观点，他在2008年出版的著作《异类：不一样的成功启示录》中阐述了这样一个观点：年轻的时候经历的困难和痛苦，往往是通往成功的垫脚石、催化剂，而不是一种障碍。格莱德威尔经常说，在人生早期，如果经历一些人生磨难，如失去父母，遭遇灾难后幸存，或者生大病等，这

些经历可以成为促使一个人走向成功的强大动力。罗斯柴尔德家族就是一个鲜明的例子,他们的故事可以追溯到18世纪晚期,他们出身于犹太家庭,在当时德国法兰克福种族歧视严重的法律和社会制度下生活,并在这样的环境中取得成功。

历史上,犹太家庭取得各种卓越成就的故事比比皆是。尽管自《圣经》时代(Biblical times)①以来,犹太人一直遭受迫害,但放眼全世界,他们都是一个文化程度较高、商业方面也非常成功的少数民族。想想看,犹太人只占全球人口总数的0.1%,但是在20世纪,约22%的诺贝尔奖得主都是犹太人。一个特别奇怪的现象就是,在1939年,犹太人人口总数达到了峰值1500万人,而如今,犹太人人口居然比80年前还要少。这个人口下降的原因当然就是众所周知的发生在第二次世界大战期间的"犹太人大屠杀"。虽然如今在全世界范围内都成立了犹太人社区,也有了犹太人的国家以色列,让犹太人重新定居生活,使得今

---

① 大多数历史学家认为,Biblical times是指从公元前1250年摩西带领犹太人出埃及开始算起。——译者注

结语　罗斯柴尔德家族的传承核心

天全世界的犹太人人口增加到了1300万，但仍然比80年前少很多。以目前的人口增长速度，犹太人人口数量要达到1939年的人口峰值还需要至少20年。

在18世纪90年代末，罗斯柴尔德家族就面临着德国社会巨大的歧视。当时政府设置了各种规定，以阻止犹太人进入某些行业或者领域。梅耶·罗斯柴尔德主要从事贸易票据收集，他认为逃离这种种族歧视的唯一方法，就是把自己的儿子送到国外，在那里，他们可以发展专业能力，建立自己的生活。因此，在随后的几年里，他把五个儿子中的四个送到了不同的国家，让他们可以不受宗教、政策的制约，尽情培养和发展自己的事业。

2. 成功并不意味着你能够在任何时刻都百分百获胜

尽管罗斯柴尔德家族在过去的220多年里积累了惊人的财富，但值得注意的是，他们也并不是每时每刻都是胜利者。梅耶·罗斯柴尔德把他的四个儿子送到了不同的国家，但是只有被送到英国和法国的内森和詹姆斯取得了传奇般的成功，并将遗产传承到了今天。被梅耶·罗斯柴尔德送到了维也纳的二儿子所罗门，没能取得同样的成功。当时，维也纳被认为是欧洲文化之都，处于哈布斯堡王朝控制之下。1848年的欧洲大革命导致了相当大的社会动荡，维也纳的罗斯柴尔德家族遭到了强烈的抵制。所罗门最初在维也纳成立银行，一开始获得了成功，但后来银行陷入了财务困境。到了第二次世界大战期间，德国纳粹入侵奥地利，所罗门的银行被迫关闭了。在罗斯柴尔德家族最初的家族基地法兰克福，梅耶·罗斯柴尔德的长子阿姆谢尔一直在他父亲的身边工作，但他们夫妻一直没有生育子女。而在20世纪20年代至40年代，德国纳粹对犹太人实施了可怕的压迫和种族灭绝政策，没收了所有犹太居民的财产，其中也包括罗斯柴尔德家族的财产。

四儿子卡尔被梅耶·罗斯柴尔德派到了兴旺的意大利半岛城市那不勒斯，并试图做出一番事业。但是，卡尔选择的时机不太好，因为在他的创业期间，意大利处于一个非常动荡的时期。19世纪中叶，意大利在加里波第将军的带领下实现了统一，但罗斯柴尔德家族发现自己并不受民众欢迎。于是那不勒斯的罗斯柴尔德银行业务很不幸地于1861年关闭了。而卡尔最终回到了法兰克福接替他哥哥阿姆谢尔的工作。

在梅耶·罗斯柴尔德身上，我们学到的最重要的事情是，罗斯柴尔德前辈及其后代从未把整个家族的财富都只押在某一特定的产业或单一个国家上。罗斯柴尔德家族多年来一直实践着资产配置的多元化。虽然五个儿子中的三个儿子未能留下丰厚的遗产，但是另外两个儿子内森和詹姆斯却取得了惊人的成就，并且他们的财富也顺利传承至今天，令世人瞩目。

3. 忠于家庭和朋友是罗斯柴尔德家族的持久品质

在追溯罗斯柴尔德家族五个儿子的故事时，我们可以发现罗斯柴尔德家族另一个持久品质就是对家人、朋友保持着极大的忠诚。

还记得罗斯柴尔德家族集团的标志吗？你会发现在标志的盾牌上有两个动物。在左上角，你会看到一只黑鹰，这是家族在德国起源的象征。在右下角，你会看到一头红狮。在罗斯柴尔德家族的传说中，这头狮子象征着威廉王子——黑塞-卡塞尔公爵。19世纪初，整个欧洲大陆都笼罩在拿破仑的统治的阴影中。拿破仑是法国强有力的领导人，主导了一系列入侵西欧的行动。当时的德国还不是一个统一的主权国家，也不可能像我们今天知道的那样发生俾斯麦统一德国的事件。德国的领土当时是由一系列王室成员控制的。梅耶·罗斯柴尔德与黑塞-卡塞尔的威廉王子关系特别亲密。威廉王子知道如果拿破仑成功占领黑塞，他的全部财产就可能被拿破仑的士兵没收，于是他就把所有的财产托付给梅耶·罗斯柴尔德，并让他帮忙藏起来。事实上，梅耶·罗斯柴尔德的确保护了王子的财产，使之免于被拿破仑没收。后来到了1815年，拿破仑在滑铁卢战役中被英德联军击败后，威廉王子重获自由，他非常感谢梅耶·罗斯柴尔德保全了他的财富。因此，在罗斯柴尔德家族的标志上，红狮的图像延续至今，就是象征着这种对朋友的奉献和强烈的忠诚。基于同样的理念，罗斯柴尔德家族的银行文化

结语 罗斯柴尔德家族的传承核心

也是围绕着"信任"这一原则建立起来的。信任就是一切。

回顾罗斯柴尔德家族集团的标志,你还会注意到手握"五支箭"的图案,每支箭代表着五兄弟中的一个,握在一起则是强调了团结的重要性,在危难时刻显得尤为重要。单独的一支箭可以轻易地被折断,但是五支箭紧握在一起就不易被折断。在罗斯柴尔德家族成员及其后代的整个发展历史上,虽然家族成员有时彼此意见不一,但通过内森和詹姆斯有效的管理和不懈的努力,家族财富传承至今。家族徽章上的图案和家族座右铭"和谐、勤劳、正直"共同体现的家族精神,在罗斯柴尔德家族的历史上始终占据着核心的地位。

金 句

1. 学校可以提供知识和实操技术上的补充,但是一个孩子的人生观、自我价值观和道德理念,却是靠父母在晚餐时一点点建立的。

2. 让孩子走出家门,在其他的商业环境里接受磨炼,可能是一个更好的选择。

3. 我建议父母侧重于孩子的情商发展,而不是智商发展。

4. 孩子太小的时候还不能体会财富的价值,如果此时轻易获得太多财富,会让他们的能力变弱,而不是变强!

5. 年轻的时候经历的困难和痛苦,往往是通往成功的垫脚石、催化剂,而不是一种障碍。

6. 罗斯柴尔德前辈及其后代从未把整个家族的财富都只押在某一特定的产业或单一个国家上。罗斯柴尔德家族多年来一直实践着资产配置的多元化。

7. 忠于家庭和朋友是罗斯柴尔德家族的持久品质。

后　　记

　　我之所以一生都感到幸福，是因为我身边一直有善良、伟大的亲友和导师帮助我成长。首先我想感谢我的父母，已故的E. J. "Buddy" VonCannon和Doris Hoffman Allred。他们为我能在北卡罗来纳州健康成长提供了良好的生活环境，并且一直强调着教育的重要性。他们都经历过20世纪30年代的大萧条时期。当时多数美国人生活困难，并且所受的高等教育也是不完整的。他们向我和我的姐姐、妹妹们传递了很多的爱与鼓励，并确保我们通往高等教育的道路平坦顺畅。

　　我也应该感谢我年轻时的导师。他们包括已故的Morris Whitson、Jim Leighton和我的大学网球教练David Benjamin。尤其是David，他树立的榜样角色，让我在平静的大学生活期间深刻理解到，教育对一个人的未来起到了至关重要的作用。

我的金融财富管理事业起步比较晚。因为在20世纪70年代的越南战争后，我刚刚从大学毕业。当时没有多少人前往华尔街工作。我刚开始是在银行的最底层工作，并没有人注意到我。我后来在事业上取得的所有成就，主要都是因为在我最努力工作的阶段发生了一些重大突破。我的工作生涯受到了像Sandy Trentham这样的人的极大鼓励，他很早就教会了我商界中的社交技巧；Ben Moyer和Jim Vaughn对我寄予厚望并支持我事业上的晋升。坦白地说，其他人不一定会给予我同样的发展机会。

我想感谢几位身边的朋友：Ma Kan将军、Howard Brewer和Faye Angevine，以及H.C. Tang多年来提供的哲理辅导与丰富知识。感谢Sumi和Anna Chang以及他们的儿子Daniel和Simon，多年的友谊和专业指导让我收获颇丰。感谢Harald VanHeel、Cindy Leung和我每天早晨在复习完隔夜市场表现后，一起分享咖啡的时光，我忘不了他们的幽默、智慧和热情。我感谢与我在亚洲和日内瓦一起共事的瑞士朋友,他们都是卓越的专业人士。如果说有一种不崇拜超级明星的企业文化存在,那毫无疑问是瑞士企业文化。他们高度重视团队合作、协商一致的决策,分享成功和荣誉,不强调个人主义。在这群亲密的朋友中,我感谢Balz Kloti、Marcel Kreis、Bernard Schaub、Pascal Bourqui和Nick Ng。同时,我想赞扬在行业里和我共事过的几位十分优秀的女性,她们是Bella Lee、Judy Lee、Ping Yang、Theresa Tobias、Jennifer Lui和Annie Tam。

我最想感谢的是我美丽且充满爱心的妻子珊珊。这些年来,在我事业生涯的高峰和低谷,她一直坚定地守在我身边支持我。我最喜欢的一位客户曾和我开玩笑说,我最大的成就可能是与珊珊结婚。在我们结婚35年之后,我觉得他没有说错!我也要感谢我们的两个孩子:Max和Tiffany,他们是我们眼里最棒的孩子。

我还想感谢那些给我大力支持来完成这本书的人。这些人包括Frank Lavin,一位商业领袖、外交官和战略顾问。感激之情还要送给Dan Kadison,

他给的法律方面的建议非常有益。我要感谢Mindy Hsu，她耐心、不知疲倦地协助我进行前期的研究和格式排版等工作。Tom Pyle，一位伟大的朋友，并且随时可在任何话题上提供宝贵建议的人。Ed Tiryakian，一位真正的学者，同时一直激励着我追求更高的目标。Bill Lunsford是我童年时代的朋友，他拥有杰出的艺术才能，书里的漫画都出自他之手。Yves Pflieger，我的法国作家朋友，我们两家是通家之好。感谢我的儿子Max VonCannon，他负责了这本书的编校工作，使其能够符合出版要求并按时出版。感谢我的女儿Tiffany VonCannon，她给了我许多艺术方面的建议。也感谢多年前我在日内瓦工作时的财富管理同事Anne Depaulis，她是一名优秀的作家，她的作品给了我很大的启发。感谢Carter Wrenn，一位擅长独立思考的学者，建议我用幽默来点缀书里的内容以帮助读者学习。感谢Boyd Sturges给我的支持，他拥有一个伟大的法律头脑。

写这本书最大的乐趣之一是编写出它的中文版，以及我在这个过程中获取的丰富经验。我想感谢那些在我的编写过程中帮助我的朋友们。首先，我非常感谢我多年的好友章君。最初是他鼓励我出版中文版，帮助我沟通、协调各方资源，并亲自组建翻译团队和编委会，参与翻译工作。同时，非常感谢北京大学出版社的姚成龙主任和李玥女士，他们一直在推进此书的出版，并给了我很多宝贵的建议。我也感谢Michael Carroll（陶瑞麟）、贾艳南、郑玺和秦展篷，凭借着他们的努力与奉献，把英文版的原书内容翻译成中文并做了多次修改。我也感谢Steven和Corinna，他们是老北京居民，也是我三十多年的家庭朋友，他们使我感觉每次到访北京，就像回到第二个故乡。

正如伟大的物理学家艾萨克·牛顿爵士曾经说过的："如果说我比别人看得更远些，那是因为我站在了巨人的肩膀上。"我知道这句话在任何意义上都是正确的。

冯雅格（Bruce Douglas VonCannon）
2020年12月

国际财富传承与规划标准委员会

国际财富传承与规划标准委员会（Wealth Planning Standard Board）是非盈利法人机构，由全球著名专业人士组成的理事会监管及运作，旨在制定及推广财富传承行业标准，并负责财富传承执业资质（AEPP®）在中国（包括大陆和台湾地区）的推广、培训和认证。

财富传承执业资质（Associate Estate Planning Practitioner）（AEPP®）是由英国遗嘱继承协会（The Society of Will Writers Limited of United Kingdom）和新加坡启盛旗下产业规划有限公司（Estate Planning Practitioners Limited of Singapore）颁发的。财富传承执业资质（AEPP®）课程实用性强，重在提升AEPP®持证人全方位财富传承与规划的核心操作技能，并将AEPP®标志打造成此行业的全球性标杆。

通过学习获得财富传承执业资质（AEPP®），财富管理专业人员将具备优质的国际标准和工具，对客户进行合理规划，通过财务市场运作积累财富，通过资产配置及全球投资增加财富，通过架构建设及税务优化保护财富，以及有效将财富转移给至亲和有社会责任的慈善机构。

目前全球有超过4500位财富传承执业资质（AEPP®）持证人，在亚洲多国和地区如新加坡、马来西亚、印度尼西亚、中国香港和中国台湾都有广泛的知名度与影响力。

欲更多了解国际财富传承与规划标准委员会（WPSB®）和财富传承的系统课程，请扫描二维码。

尊敬的＿＿＿＿＿＿＿＿＿＿：

　　最近,我看了冯雅格先生的《未来博弈》一书。冯雅格先生从罗斯柴尔德银行(香港)CEO职位退休后,基于近三十年为国际富豪提供财富咨询服务的工作经验,针对亚洲投资者写了这本书,书中的观点给了我很多启发。后面是书中的金句,相信对您有一定的价值。这本小册子代表我的心意,愿财富、幸福永远伴随你。

　　　　　关心你的＿＿＿＿＿＿＿＿＿＿

1. 保持耐心，但同时也要保持决心，要努力每天进步一点点。专注于自己的发展方向，但同时要记住，成功的道路有很多条。学会培养开放性的思维方式，时时提醒自己去完善和细化个人技能。

2. 那些困难的岁月就像逆水行舟一样，如果你能熬过困难时期，好运和财富的出现只是时间的问题。一个人必须保持警惕和乐观，这样才能保证你在第一时间识别出这样的机会。

3. 我真心实意地认为，如果一个人对家庭不给予足够的重视，是不能称为百分之百成功的。

4. 我个人一直坚信，团队配合和合理分工是当今企业有效管理的重要元素。

5. 智慧的领导者会尊重所有人的行为，这样整个团队就会更加开放，做出具有更多可能性的创新行为。

6. 实际上，一个远远超出市场平均收益的回报承诺，往往是一个危险信号，你起码应该在存款前对存款机构的安全保障做一些基本的查询。

7. 选择把大量的现金抓在手中也意味着你舍弃了利息和其他的获利机会，所以这并不是理智的行为。

8. 太多投资者把货币市场产品想当然地视为无风险的投资产品，但是历史告诉我们，这种理解并不总是对的。

9. 对一家银行的基本指标有所了解，例如知道它的资本充足率及杠杆比率，将帮助投资者判断一家银行的整体安全性，以及是否可以将资金存放在该机构内。

10. 要明白将现金藏在床底下，也是有

代价的,这会令你失去得到其他收益的机会。这些都是投资的基本常识。

11. 投资债券的好处在于,明智的投资者可能会获得比定期存款高出不少的利息收益。

12. 关于债券的利率和收益率,人们经常会对它们有一个普遍的误解,那就是债务偿还期越长,伴随的收益率就越高。

13. 即使我们只投资债券市场中的"投资级"产品,我们也应当关注一下其债券违约的概率有多大。

14. 对于今天的私人投资者来说,只要你严格局限在"投资级"范围来投资债券,资产安全的概率仍然比你在北美任何主要城市夜间行走的安全概率要高一些。

15. 如果你被迫出售债券以换取流动资金,你可能会面临债券投资贬值的风险。

16. 当债券市场中的部分债券收益率为

负值时，投资者们应当有充足的理由避免进行债券投资，等到投资环境回归正常后再行入市。

17. 若想获得超额的投资回报，你必须在投资组合里加入一部分股票。

18. 如果你没有一个长达几年的投资周期，那你应该审慎地考虑是否进行股票投资。

19. 要尽量避免成为一个追涨杀跌的"择时交易投资者"。你通常很难完美地预测到市场最低点，同样的，你也很难预测到市场最高点。

20. 尽管人们感觉几乎所有的熊市都会持续数年，但其平均长度仅为16个月。

21. 股市价格反弹的历史规律，同样突出证明了：在进行股票投资时，把控合理周期和保持耐心、冷静非常重要。

22. 自从纽约股票交易市场在1790年开

市以来，即便发生过多次熊市，市场都会恢复并产生新高。在我们投资的道路上，遇到颠簸在所难免！但是，在市场波动期内能保持乐观是非常重要的。

23. 与定期存款不同的是，货币市场基金注注不受联邦存款保险公司或地方存款保险的保护。

24. 指数基金近年来越来越受欢迎。指数基金不需要投资者自主挑选股票，而是通过投资指数（如标准普尔500指数或罗素2000指数）内的所有股票来复制整体市场的表现。

25. 一般来说，投资基金中的基金会需要更高的购买成本，但是它们注注能够获得比传统的共同基金更高的回报率。

26. 交易所交易基金通常结合了股票和指数基金两方面的功能和特点。同股票一样，交易所交易基金可以在证券交易市场买进或卖出，通过大多数经纪人和交易平台都能进行买卖；同指数基金一样，交易所交易基金包含"一篮子"特定股票，跟踪某些特定指数。

27. 结构化产品本质上是打包的投资产品，其中嵌入了衍生产品，目的是在特定的投资期限内取得特定的投资收益。

28. 双货币存款是一种短期的、风险相对较低的产品，为了提升某一货币的定期存款回报率，把投资者的资金换成另一种货币，当然其中包含了一定的风险。

29. 可赎回应付票据，是几年前在理财管理领域非常流行的产品。实际上，它是一个风险低且非常有价值的短期债券投资方式，非常受投资者的欢迎。

30. 股票挂钩票据是根据投资者对股票或股票群的预期价格变动而构建的投资产品。

31. 投资结构化产品要严格自律，并采

用多样化投资策略,引入多种产品来分散风险。成功的投资和评估一个棒球手的命中概率一样,没有任何职业棒球手能百分之百地击中球。

32. 确立合适的投资周期是建立成功投资策略的关键之一。投资者一旦布局好投资组合里的资产之后,就不要轻易变动。

33. 虽然某些股票能够给出十分诱人的年收益率,但是同样也有着惊人的波动性,几乎能刺激任何投资者得胃溃疡。

34. 随着时间的推移,通货膨胀会侵蚀任何现金货币的价值。这也就是为什么商品和服务的价格(如日常消费账单、医疗费账单)年年都在上涨的主要原因。

35. 随着时间的推移,通过引入多样化的资产类型,明智的投资者将会实现最佳的投资回报。

36. 请记住,所有资产类别中不会有任

何一个独自常年占据收益冠军的宝座。

37. 投资组合中的非系统性风险，可以通过同时投资两种或者多种彼此具有低相关性或者逆相关性的股票来对冲。

38. 投资组合中同时持有股票和债券的一个原因是，它们的相关系数不为1。

39. 标准差是衡量波动与平均值之间的差距。在评估股票、商品、共同基金或其他类型资产的投资潜力时，这是一个重要的衡量指标。

40. 资产风险越高，其偏离平均值的标准差就有可能越高，明智的投资者总是会将投资回报率和其价值的波动程度对照起来，同时考量。

41. 以获得收入现金流为目标的投资组合，应该重点关注资产保值，并控制好投资组合的波动幅度。

42. 在投资组合中配置另类投资工具

时，多样化总是一个明智的选择，要记住不要把所有投资全部放入一个门类的投资工具中。

43. 如果另类投资业绩表现正常，就像保险的作用一样能够减缓在股市低迷期间，投资组合价值下行的趋势；而在股市上涨期间，另类投资产品同样也能带来好的收益。

44. 我一直建议新手投资者（无论他们是年轻还是年长）一开始都采取保守态度进行投资，直到他们感觉对市场更有把握时再改变风格。

45. 当一个人年轻的时候，他更愿意承担风险，而且遇到全球金融市场下行的时候，他们有更多的时间可以等待市场回暖。年轻投资者注注更能承受那些不可避免的市场震荡。

46. 货币、债券和股票的价格每天、每小时都在变化。因此，正如人们为花园里的花卉和其他植物补充水分一样，投资者应该养成每隔几周就监控投资组合的习惯。

47. 选定一个基准来评估每年的投资组合收益水平，是非常有帮助的。这样做能在市场有波动的时候，通过基准来评估投资组合的表现，让投资者不用惊慌失措。

48. 遗产规划是一个不断发展的行业。其中一部分原因在于，许多国家的政府试图从家族遗产中获得更多的税收。

49. 对于希望避免家庭遗嘱认证低效和受地区法律约束的家庭来说，非常有必要考虑其他有效的法律架构，确保家庭财富以期望的方式传递给下一代。

50. 家庭基金会的优势在于，创始人在构建投资规划和资产的使用方面有更多的话语权。

51. 很多投资者选择"投资组合型保单"的形式作为遗产规划形式。这些投资者通常喜欢保险合同的灵活性和操作方式，因为它像银行账户一样操作方便。

52. 家族信托是将财富传递给慈善机构和亲人最广泛的一种遗产规划形式，构建和操作的便利性是它吸引人的主要特征之一。

53. 如果人们不涉足包括艺术品投资和葡萄酒投资在内的兴趣投资，就不算对投资研究和资产管理有全面了解。

54. 投资艺术品时，人们除了享受其带来的满足感之外，还应该考虑它的变现能力，以满足投资的流动性。

55. 在艺术领域，艺术品的溯源非常重要。溯源的提供增加了艺术品的价值，并且对艺术品二次销售具有重要意义。

56. 葡萄酒投资通常是一个长期投资。它很少被视为流动性高的资产而被快速买卖。

57. 在金融领域，全球化加速了金融的

深度和广度的扩张,使人们有机会参与到全球范围的投资中。人们能够更加方便地在资本市场自由投资,推动了世界新经济体的发展。

58. 历史表明,那些采取自由国际贸易的国家大都是比较富裕的国家。

59. 限制资本流动会限制创新和发展,实施严格贸易保护主义的国家,最终获益的是那些特定的缺乏竞争力的企业,而不是那些能够提供好的投资回报率的企业。

60. 在我们的一生中,由于可能会遇到恐怖袭击、暴乱或自然灾害等不可预料的事情,所以做好投资的全面规划就显得十分重要。

61. 电子商务是未来发展的必然趋势,尤其在中国,电子商务在零售总额中所占比例远高于北美或西欧。

62. 如果美国今后放弃了全球领导责任

或者经济政策持续退化,我们不知道美国还能不能一直保持它今天的特殊地位。

63. 通过互联网的使用,我们可以了解到金融市场的操作流程,从而自由"进出"金融市场;通过学习金融的相关知识,我们可以种植自己的"金钱树",在人生的长河里积累属于自己的财富。

64. 学校可以提供知识和实操技术上的补充,但是一个孩子的人生观、自我价值观和道德理念,却是靠父母在晚餐时一点点建立的。

65. 让孩子走出家门,在其他的商业环境里接受磨炼,可能是一个更好的选择。

66. 我建议父母侧重于孩子的情商发展,而不是智商发展。

67. 孩子太小的时候还不能体会财富的价值,如果此时轻易获得太多财富,会让他们的能力变弱,而不是变强!

68. 年轻的时候经历的困难和痛苦，往往是通往成功的垫脚石、催化剂，而不是一种障碍。

69. 罗斯柴尔德前辈及其后代从未把整个家族的财富都只押在某一特定的产业或单一个国家上。罗斯柴尔德家族多年来一直实践着资产配置的多元化。

70. 忠于家庭和朋友是罗斯柴尔德家族的持久品质。

扫码尊享：

　　欲了解本书作者更多金句及观点，阅读其最新文章，收听本书官方音频节目，领取《未来博弈》读者更多尊享权益……敬请关注"财富导师"公众号。